Deutsch für Jugendliche
Textbuch

Interkantonale Lehrmittelzentrale
Lehrmittelverlag des Kantons Zürich

IMPRESSUM

 Lehrmittel der Interkantonalen Lehrmittelzentra

Projektleiter und Autor
Dr. Claudio Nodari

Autorinnen
Elisabeth Ambühl-Christen
Claudia Neugebauer

Beratende Kommission
Dr. Walter Kurmann
Ingrid Ohlsen
Prof. Dr. Paul R. Portmann
Dr. Otto Stern

Gestaltung
Hubert Hasler
Urs Kuster

Illustrationen
Pierre Thomé

Fotos
Pia Zanetti

Projektleiter Buchherstellung
Jakob Sturzenegger

Nach neuer Rechtschreibung

Lehrmittelverlag des Kantons Zürich
3. Ausgabe 2004, korrigiert (1999)
Printed in Switzerland
ISBN 3-906720-67-5
www.lehrmittelverlag.com

Zeichenerklärung

Text auf CD

im Buch notieren

ins Heft schreiben

zu zweit

Gruppenarbeit

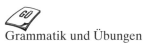
Grammatik und Übungen

INHALT

Seite	Textbuch	Grammatik- und Übungsbuch

1

Seite	Textbuch	Grammatik- und Übungsbuch
6	Die Geschichte einer Freundschaft	I Konjugation der Verben (Indikativ)
		Lerntechnik: Die Stammformen der unregelmässigen Verben
8	Die Sprachsituation in der Deutschschweiz	
9	Deutsch in Europa, Sprachen in der Welt	
11	Freundschaft – was ist das?	
13	Zusammenhalten	II Die Zeitformen im Satz
		III Satzbau (1): Satztypen
14	Lerntechnik: Zusammen lernen	
15	Aufenthaltsbewilligungen	IV Kausaler Nebensatz mit «weil» und «da»
16	Ausländische Wohnbevölkerung in der Schweiz	V Temporaler Nebensatz mit «wenn» und «als»
18	Abschied	
20	Der blaue Zettel – Ein Fund	

2

Seite	Textbuch	Grammatik- und Übungsbuch
22	Fernsehen	
24	Fernsehverhalten	
27	Statistik von Jugendsendungen	I Partizip II als Adjektiv
28	Aus der Geschichte des Schweizer Fernsehens DRS	II Verben im Passiv
		Lerntechnik: Unregelmässige Verben im Präteritum
30	Wie entsteht ein Werbespot?	III Satzbau (2): Der einfache Satz
		IV Indirekte Rede (1)
33	Lerntechnik: Nacherzählen	
34	Berufsbild: Multimediaelektroniker – Multimediaelektronikerin	
35	Cartoon	
36	Der blaue Zettel – Es geht los	

3

Seite	Textbuch	Grammatik- und Übungsbuch
38	Familien	
40	Portrait einer Familie	I Verben mit dass-Anschluss und Infinitivkonstruktion
42	Berufsbild: Schrift- und Reklamegestalter – Schrift- und Reklamegestalterin	
43	Andere Länder, andere Sitten	II Adverbien der Zeit
47	Eine Familie – fünf Generationen	
48	Die Biografie meiner Familie	III Satzbau (3): Das Satzgefüge
49	Gedanken eines Zwölfjährigen	
49	Gedanken einer Vierzehnjährigen	IV Fragesatz als Nebensatz mit «ob» und Fragepronomen
50	Familiensprache – Muttersprache	Lerntechnik: Karten legen – Sätze bauen
53	Lerntechnik: Wortfamilien	
54	Der blaue Zettel – Wie gewonnen, so zerronnen	

Seite	Textbuch	Grammatik- und Übungsbuch
	4	
56	Ein Wohnhaus	
58	Wer wohnt wo?	I Verben mit Präpositionalobjekt (1)
		Lerntechnik: Verben mit Präpositionalobjekt
59	Die Wohnungen	
60	Beziehungen im Haus	II Partizip 1 als Adjektiv
61	Probleme im Wohnhaus	III Adverbien des Ortes
62	Die Hausordnung	IV Satzbau (4): Das Satzbaumodell
63	Berufsbild: Kaminfeger – Kaminfegerin	
64	Wohnung zu vermieten	V Relativsatz (1)
67	Lerntechnik: Lernumgebung	
68	Ich denke	
68	Das Ende	
70	Der blaue Zettel – Die grosse Schwester hilft	

Seite	Textbuch	Grammatik- und Übungsbuch
	5	
72	Verschiedene Berufe	
74	Ich mache eine Lehre als Elektromonteur	
76	Berufsberatung	
79	Die Lehre aufgeben?	
80	Ich arbeite im Verkauf	I Irrealer Bedingungssatz als Nebensatz
		Lerntechnik: Über Irreales sprechen
81	Rocío wird Dentalassistentin	
83	Tipps zur Bewerbung	
83	Lerntechnik: Zusammenfassen	
84	Lehre oder Anlehre?	II Indirekte Rede (2)
84	Weiterbildung	
86	Berufsbildung in der Schweiz	III Satzbau (5): Die Satzverbindung
88	Der blaue Zettel – Bedroht!	

Seite	Textbuch	Grammatik- und Übungsbuch
	6	
90	Ein Vortrag	
92	Wie heisst mein Thema?	I Pronominaladverbien «wofür», «worauf» usw.
94	Wie plane ich die Arbeit?	
94	Wo finde ich Informationen?	
96	Wie gliedere ich den Vortrag?	II Verben mit Präpositionalobjekt (2)
97	Wie präsentiere ich den Inhalt?	
98	Wie bearbeite ich den Vortrag?	III Satzbau (6): Satzglieder
		Lerntechnik: Satzstreifen
100	Wie trage ich vor?	
101	Wie kritisiere ich einen Vortrag?	
102	Der blaue Zettel – Fatima blickt durch	

Seite	Textbuch	Grammatik- und Übungsbuch
7		
104	Was meinst du dazu?	
106	Wünsche und Erwartungen	I Satzbau (7): Satztypen
		Lerntechnik: Satzanalyse
108	Was ist eigentlich anständig?	
111	Regeln	
113	Lerntechnik: Regeln beim Lernen	
114	Strafe	II Infinitivkonstruktionen mit «um ... zu», «ohne ... zu» und «anstatt ... zu»
		III Finaler Nebensatz mit «um ... zu» und «damit»
116	Rechte	
118	Der blaue Zettel – Die leere Kiste	

Seite	Textbuch	Grammatik- und Übungsbuch
8		
120	Ein Klassenroman	
122	Wie der Krimi «Der blaue Zettel» entstand	
124	Wir schreiben einen Liebesroman	
125	Die Kapitel des Liebesromans	
126	Verschiedene Textsorten	
127	Der Liebesroman entsteht	I Pronominaladverbien «wofür», «dafür» usw.
		II Relativsatz (2)
128	Wir suchen einen Titel	
129	Rückblick auf «Kontakt 2»	

130	Anhang: Hörtexte	

Einheit 1

Die Geschichte einer Freundschaft

Dursun und Bahar – 1. Folge

Dursun und Bahar sind vor zwei Jahren in die Schweiz gekommen. Sie gingen in die gleiche Klasse und besuchten zusammen den Deutschunterricht.

Sie lernten zusammen Deutsch. Sie arbeiteten zusammen, wenn sie Aufgaben hatten. Sie trafen sich oft, wenn sie frei hatten.

Nach einem Jahr bekam die Klasse eine neue Deutschlehrerin. Alle Schülerinnen und Schüler mussten jemanden aus der Klasse vorstellen. Sie schrieben einen Text, klebten ein Foto dazu und hängten die Collage im Schulzimmer auf.

Dursun und Bahar stellten einander vor. «Das habe ich doch gleich gedacht, dass Dursun und Bahar einander vorstellen. Die machen ja immer alles zusammen», sagte Karin.

Seite 6 Die Geschichte einer Freundschaft
8 Die Sprachsituation in der Deutschschweiz
9 Deutsch in Europa, Sprachen in der Welt
11 Freundschaft – was ist das?
13 Zusammenhalten
14 Lerntechnik: Zusammen lernen
15 Aufenthaltsbewilligungen
16 Ausländische Wohnbevölkerung in der Schweiz
18 Abschied
20 Der blaue Zettel – Ein Fund

Das kann ich ...

- Ich kann mich vorstellen.
- Ich kann jemanden auffordern, Hochdeutsch zu sprechen.

Das verstehe ich ...

- Ich verstehe den Vortrag von Herrn Prof. Dr. Paul R. Portmann.
- Ich verstehe die Geschichte einer Freundschaft.
- Ich verstehe die Grafiken auf Seite 16–17.
- Ich verstehe den Vortrag von Herrn Dr. Walter Kurmann.

Das kenne ich ...

- Ich kenne die Sprachsituation in der Deutschschweiz und in meinem Herkunftsland.
- Ich kenne den Unterschied zwischen Freund/Freundin und Bekannter/Bekannte.

Das weiss ich ...

- Ich weiss, was eine Freundin oder ein Freund ist.
- Ich weiss, wie man eine Freundschaft pflegt.
- Ich weiss, was eine Aufenthaltsbewilligung ist.

Bahar stellt Dursun vor.

Das ist Dursun. Er ist 15 Jahre alt. Er ist mein bester Freund. Ich mag ihn, weil er zuhören kann.

Dursuns Vater arbeitete während vier Jahren als Saisonnier in der Schweiz. In seinem Land hat er keine Arbeit gefunden. Vor einem Jahr bekam er endlich die Aufenthaltsbewilligung B. Seine Familie darf nun mit ihm zusammen in der Schweiz wohnen.

Dursun hat einen älteren und zwei jüngere Brüder. Sie heissen Kenan, Ilyas und Mahmud. Dursuns Familie wohnt in einem modernen Block in der Nähe von mir. Ihre Wohnung ist ein bisschen eng für sechs Personen.

△ Dursun

Dursun und ich kamen im gleichen Monat in die Schweiz.
Wir lernen oft zusammen Deutsch. Ich lerne gern mit
Dursun. Zusammen lernen ist besser als allein. Dursun
hilft mir viel. Manchmal haben wir auch Streit. Aber
das geht vorbei.

Dursun stellt Bahar vor.

Das ist Bahar. Sie ist 14 Jahre alt. Sie hat schwarze
Augen und lange, schwarze Haare. Ich bin gern mit ihr
zusammen, weil ich offen mit ihr sprechen kann.

Bahar ist eine gute Freundin von mir. Ihre Familie ist
in die Schweiz gekommen, weil in ihrem Land Krieg ist.
Die Familie will nur kurze Zeit in der Schweiz bleiben
und nachher nach Kanada zu Verwandten weiterreisen.

Bahar hat eine ältere Schwester. Sie heisst Jasmina.
Sie wohnt mit ihrer Familie in einem alten Haus ganz
in der Nähe von mir. Die Wohnung von Bahars
Familie ist grösser als unsere. Ich gehe oft zu Bahar.

Wir haben zusammen angefangen, Deutsch zu lernen.
Für Bahar war es am Anfang schwieriger als für
mich. Sie musste die lateinische Schrift lernen. Jetzt
kann sie die lateinische und die arabische Schrift.

Bahar und ich sind oft zusammen, auch wenn wir nicht
für die Schule arbeiten. Wir spazieren zusammen, gehen
schwimmen oder treffen Kolleginnen und Kollegen.

Jasmina glaubt, dass Bahar in mich verliebt ist. Aber
das stimmt nicht. Bahar und ich mögen uns einfach.

△ Bahar

 1. Such einen Partner oder eine Partnerin. Stellt einander vor.

 2. Schreib einen Text über deinen Partner oder deine Partnerin.

 3. Lest einander die Texte vor und diskutiert sie.
Bist du einverstanden mit dem Text über dich? Möchtest du etwas ändern?

 4. Schreib den Text so, dass dein Partner oder deine Partnerin einverstanden ist.

 5. Bearbeite im Grammatik- und Übungsbuch: I Konjugation der Verben (Indikativ), Seite 7;
Lerntechnik: Die Stammformen der unregelmässigen Verben, Seite 13.

Dursun und Bahar – 2. Folge

Am Anfang konnten Dursun und Bahar nicht miteinander sprechen. Sie konnten in der Klasse überhaupt mit niemandem sprechen. Niemand sprach oder verstand ihre Sprachen.

5 Beide lernten schnell Deutsch, und schon bald konnten sie einander sagen, was sie gern machten und was sie ungern machten. Sie konnten über die Aufgaben sprechen, und sie konnten über ihre Heimat sprechen. In der
10 Pause waren sie oft zusammen, denn zusammen fühlten sie sich wohl. Niemand lachte sie aus, wenn sie Fehler im Deutschen machten, niemand schaute blöd, wenn sie ein Wort nicht wussten.

15 Auch mit den anderen Schülerinnen und Schülern der Klasse ging es ziemlich gut. Am Anfang sprachen alle mit ihnen Hochdeutsch. Dursun und Bahar waren froh, denn so lernten sie immer mehr. Aber mit der Zeit begannen die
20 Kolleginnen und Kollegen, Schweizerdeutsch – das heisst Dialekt – zu sprechen. Und das verstanden sie nicht. Dursun und Bahar sagten dann: «Bitte, sprich Hochdeutsch» oder «Du, ich verstehe Dialekt nicht.» Manchmal wurde
25 Bahar sogar böse und sagte: «Du weisst doch, dass ich Dialekt nicht verstehe. Sprich so, dass ich dich verstehe!» Manchmal antwortete sie auf Arabisch, und dann schauten die andern ganz komisch.

Dursun wollte so schnell als möglich Dialekt
30 lernen, damit er wie die anderen sprechen konnte. Bahar hatte eine andere Meinung. Sie sagte immer wieder: «Wenn du zu früh Dialekt lernst, dann lernst du Hochdeutsch nie richtig. Und in der Schule kommt es nicht darauf an, wie gut du
35 Dialekt kannst. Die wichtigen Prüfungen sind auf Hochdeutsch.» Dursun gab ihr Recht. Aber er wollte trotzdem Dialekt lernen. In ihren Diskussionen kamen sie nie weiter. Bahar wollte kein Schweizerdeutsch lernen, und sie sagte jedesmal:
40 «Es ist doch gut, wenn die Leute hier mit uns Hochdeutsch sprechen. So können sie nämlich Hochdeutsch üben.» Dursun meinte hingegen: «In der Deutschschweiz spricht man Dialekt. Hochdeutsch braucht man ja nur zum Lesen und
45 Schreiben.» Darauf antwortete Bahar: «Und wenn du einmal nach Deutschland gehst?» Und Dursun: «Ich geh aber nicht nach Deutschland!»

Die Sprachsituation in der Deutschschweiz

1. Hör den folgenden Vortrag von Herrn Prof. Dr. Paul R. Portmann und kreuz in der Tabelle an. Wo wird in der Deutschschweiz meistens Dialekt verwendet, wo Hochdeutsch?

	Dialekt/Mundart		Hochdeutsch	
	sprechen	schreiben	sprechen	schreiben
in der Familie	☐	☐	☐	☐
unter Freunden und Freundinnen	☐	☐	☐	☐
bei der Arbeit (Fabrik, Büro usw.)	☐	☐	☐	☐
in der Arztpraxis	☐	☐	☐	☐
im Fernsehen	☐	☐	☐	☐
im Radio	☐	☐	☐	☐
im Kindergarten	☐	☐	☐	☐
in der Schule	☐	☐	☐	☐
in den Zeitungsartikeln	☐	☐	☐	☐
in den Schulbüchern	☐	☐	☐	☐
in den Telefonbüchern	☐	☐	☐	☐
in den Gesetzbüchern	☐	☐	☐	☐
in den Geschäftsbriefen	☐	☐	☐	☐
in den persönlichen Briefen	☐	☐	☐	☐
in der Werbung	☐	☐	☐	☐

2. Hör den Vortrag von Herrn Prof. Dr. Paul R. Portmann noch einmal und notier, in welchen Sendungen am Fernsehen Hochdeutsch und in welchen Dialekt gesprochen wird.

3. In welchen Situationen ist es unhöflich, Dialekt zu sprechen? Wann sollten alle Hochdeutsch sprechen? Diskutier die Fragen mit einer Partnerin oder mit einem Partner. Notiert eure Meinungen und diskutiert sie in der Klasse.

4. Wie kannst du Erwachsene oder Jugendliche auffordern, Hochdeutsch zu sprechen? Notier höfliche und unhöfliche Ausdrücke und lies sie der Klasse vor.

Deutsch in Europa, Sprachen in der Welt

In vier verschiedenen Ländern Europas ist Deutsch eine offizielle Sprache: in Deutschland, in Österreich, im Fürstentum Liechtenstein und in der Schweiz. Offizielle Sprache bedeutet, dass diese Sprache in Dokumenten und in der Staatsverwaltung benützt wird. In allen vier Ländern gibt es auch verschiedene Dialekte. In der Deutschschweiz und im Fürstentum Liechtenstein sprechen die Leute fast immer Dialekt. Aber in Deutschland und zum Teil in Österreich sprechen viele Leute fast nur Hochdeutsch. Hochdeutsch tönt nicht überall gleich. Wenn man gut hinhört, merkt man, woher ein Deutschsprachiger kommt, auch wenn er Hochdeutsch spricht.

1. Es stellen sich sieben deutschsprachige Personen vor.
Notier die wichtigsten Angaben.

2. Hör die sieben Personen nochmals und entscheide:
– Welche Aussprachen gefallen dir? (+)
– Welche Aussprachen gefallen dir nicht? (–)

Köln	Bern	Stuttgart	Wien	Hamburg	Berlin	Leipzig
☐	☐	☐	☐	☐	☐	☐

3. Schau die folgende Tabelle an und schreib Sätze nach dem Muster:

1991 gab es in Europa 91 473 000 Menschen, die Deutsch als Muttersprache sprachen.

Rangordnung der Sprachen in Europa nach Zahl der Muttersprachigen (1991)

Russisch	135 768 000	Ukrainisch	43 235 000	Serbokroatisch	14 604 000
Deutsch	91 473 000	Polnisch	38 231 000	Ungarisch	12 425 000
Französisch	58 473 000	Spanisch	28 616 000	Portugiesisch	10 100 000
Englisch	56 390 000	Rumänisch	23 741 000	Griechisch	10 075 000
Italienisch	55 437 000	Niederländisch	20 230 000		

4. Schau die folgende Tabelle an und schreib Sätze nach dem Muster:

Auf der Welt gibt es 900 Millionen Menschen, die Chinesisch als Muttersprache sprechen.

Rangordnung der Sprachen auf der Welt nach Zahl der Muttersprachigen (in Millionen)

Chinesisch	900	Russisch	145	Deutsch	110
Englisch	320	Arabisch	130	Japanisch	110
Hindi und Urdu	245	Bengali	120		
Spanisch	210	Portugiesisch	115		

5. Schau die folgende Tabelle an und schreib Sätze nach dem Muster:

Es gibt 63 Länder auf der Welt, in denen Englisch die offizielle Sprache ist.

Offizielle Sprachen der Welt

	Englisch	Französisch	Arabisch	Spanisch	Portugiesisch	Chinesisch	Deutsch
Zahl der Länder	63	40	23	21	8	5	4

PROJEKT

Über mich und meine Heimat

1. Schreib einen kurzen Text über dich in deiner Muttersprache und übersetz ihn dann auf Deutsch.

2. Zeichne die Umrisse deines Landes mit den Nachbarländern. Zeichne die wichtigsten Städte und deinen Wohnort ein.

3. Schreib einen Text zum Thema «Die Sprachsituation in meinem Land». Beantworte darin die folgenden Fragen:
   – Welche Sprache (oder Sprachen) spricht man in deinem Land?
   – Gibt es in deinem Land auch Dialekte?
   – Sprichst du einen Dialekt?
   – Sprechen deine Eltern einen Dialekt?
   – Mit wem sprechen die Leute in deinem Land Dialekt?
   – Und mit wem sprechen sie die Hochsprache?
   – Wann oder wo darf man nicht Dialekt sprechen?
   – Welche Unterschiede gibt es zur Sprachsituation in der Deutschschweiz?

4. Nimm ein grosses Blatt Papier und mach eine Collage mit deinen Texten, mit der Zeichnung, mit einem Foto von dir, mit Bildern aus deinem Land (z. B. aus Zeitschriften oder Reiseprospekten). Häng die Collage im Schulhaus auf.

Dursun und Bahar – 3. Folge

In der Schule sah man Bahar und Dursun immer zusammen. Die andern neckten sie manchmal. Sie sagten: «Dursun und Bahar sind wirklich ein schönes Paar.»

Auch die Geschwister von Dursun und Bahar waren neugierig. Kenan, Dursuns ältester Bruder, fragte: «Bist du eigentlich in Bahar verliebt?» «Nein», sagte Dursun, «aber ich mag Bahar.»

Bahars Schwester fragte: «Ist Dursun eigentlich dein Freund?» «Ja», sagte Bahar, «er ist mein Freund. Aber ich bin nicht in ihn verliebt. Er ist einfach ein Freund von mir.»

Als sich Bahar in Zoran verliebt hatte, fragten die andern: «Gehst du jetzt nicht mehr mit Dursun?» Bahar antwortete: «Dursun hat in seiner Heimat eine Freundin. Wir waren nie ineinander verliebt. Dursun ist einfach ein Freund von mir.»

Bahar und Dursun sprachen oft über Zoran und Fatima. Dursun schrieb Fatima jede Woche einen Brief. Bahar telefonierte manchmal mit Zoran.

Freundschaft – was ist das?

Maria, 16
Ich glaube, im Leben hat man nur wenige Freundinnen und Freunde. Ich habe zwei. Auf Freundinnen und Freunde kann ich mich verlassen. Wenn es Probleme gibt, helfen sie mir, und ich helfe ihnen auch. Wir halten zusammen. Wir hören einander zu. Wir trösten uns, wenn wir traurig sind.

Marcel, 14
Ich habe zwei, vielleicht drei Freunde. Freundschaft ist für mich das Wichtigste im Leben. Ich habe natürlich viele Kolleginnen und Kollegen. Aber das ist etwas anderes.

Selma, 13
Wenn ich mit einem Freund oder einer Freundin zusammen bin, muss ich nicht immer aufpassen. Ich kann einfach sein, wie ich will. Sie verstehen mich, und ich vertraue ihnen. Das ist gut. Eine gute Freundschaft kann ich mit einem Mädchen oder mit einem Jungen haben.

Berni, 15
Ich habe viele Bekannte. Freundinnen und Freunde habe ich nur ganz wenige. Freundschaft ist sehr wichtig für mich. Aber Freundschaft kann auch weh tun. Einmal hat eine Freundin mich verraten. Ich habe die Schule geschwänzt, und sie hat es dem Lehrer gesagt. Ich hätte nie gedacht, dass sie mich verraten würde. Unsere Freundschaft ging deshalb kaputt.

Catia, 17
Für mich heisst Freundschaft, dass ich auf jemanden zählen kann. In der Sekundarschule lernte ich viele neue Kolleginnen und Kollegen kennen. Wir hatten Spass zusammen. Wir gingen zusammen tanzen und lachten viel. Aber ich wusste, dass ich nicht wirklich auf sie zählen konnte. Seit einem Jahr gehe ich in die Lehre. Meine Kolleginnen und Kollegen aus der Schule sehe ich nicht mehr. Ich glaube, sie haben mich schon vergessen. Bekannte sind eben etwas anderes als eine Freundin oder ein Freund.

**1. Lies die folgenden Ausdrücke.
Kennst du ähnliche Ausdrücke in deiner Sprache? Schreib sie auf.**

Ich vertraue ihnen.	vertrauen + Dativ
Ich kann mich auf sie verlassen.	sich verlassen auf + Akkusativ
Ich verrate sie nicht.	verraten + Akkusativ
Ich zähle auf sie.	zählen auf + Akkusativ
Wir halten zusammen.	zusammenhalten

2. Für viele Leute sind Kolleginnen und Kollegen etwas anderes als Freundinnen und Freunde. Sie erwarten nicht das Gleiche von ihnen.
Wie ist das bei dir? Lies die Sätze in der Tabelle und antworte mit «ja», «manchmal» oder «nein».
Diskutiert eure Antworten.

	Kolleginnen und Kollegen	Freundinnen und Freunde
Ich kann auf sie zählen. Ich kann mich auf sie verlassen.		
Ich habe Spass mit ihnen.		
Sie helfen mir, wenn ich Probleme habe.		
Ich helfe ihnen, wenn sie Probleme haben.		
Wir sprechen zusammen über unsere Pläne.		
Ich erzähle ihnen alles.		
Ich leihe ihnen meine Kleider.		
Ich lade sie zu mir nach Hause ein.		
Ich bin traurig, wenn wir uns nicht sehen können.		
Ich werde sie nie vergessen.		

3. Schau die Bilder an. Erkennst du den Unterschied?

Das ist Bahar.
Sie ist eine Freundin von mir.
Wir lernen oft zusammen.

Das ist Fatima.
Sie ist meine Freundin.
Wir sind seit zwei Jahren zusammen.
Wir lieben uns.

Morgens und abends zu lesen

Der, den ich liebe
Hat mir gesagt
Dass er mich braucht.

Darum
Gebe ich auf mich acht
Sehe auf meinen Weg und
Fürchte von jedem Regentropfen
Dass er mich erschlagen könnte.

Bertolt Brecht

Dursun und Bahar – 4. Folge

Einmal kam Bahar am Freitag nicht zur Schule. Sie ging mit ihrer Familie in eine andere Stadt an ein grosses Fest. Bahar hatte der Lehrerin vorher nichts davon gesagt. Sie hatte Angst davor, dass die Lehrerin nicht einverstanden wäre. Am Freitagmorgen fragte die Lehrerin, wer etwas von Bahar weiss. «Sie ist krank», sagte Dursun.

Am Montag kam Bahar mit ihrer Mutter in die Schule. Die Mutter erklärte der Lehrerin, dass sie am Freitag an einem sehr wichtigen Familienfest gewesen waren. Die Lehrerin war verärgert. Sie rief Dursun und Bahar zu sich und sagte: «Ich verlange von euch in Zukunft drei Dinge: Erstens bringt ihr eure Entschuldigungen im Voraus. Zweitens ruft ihr mich an, wenn ihr krank seid. Drittens lügt ihr mich nicht an. Ist das klar?!» In der Pause fragte Bahar: «Warum hast du gelogen?» «Das ist nicht lügen, das ist Freundschaft», antwortete Dursun.

Drei Monate später organisierte die Schule einen Ski- und Schlitteltag. Alle Schülerinnen und Schüler mussten dafür dreissig Franken mitbringen. Dursuns Familie hatte wenig Geld. Bahar sagte zu ihrem Vater: «Ich brauche sechzig Franken für den Ski- und Schlitteltag.» Sie brachte der Lehrerin das Geld und sagte: «Dieses Geld ist für mich und für Dursun.» Dursun fragte: «Warum lügst du deinen Vater an?» «Das ist nicht lügen, das ist Freundschaft», erwiderte Bahar.

In den Ferien arbeitete Dursun. Als er seinen Lohn bekam, gab er Bahar dreissig Franken. Bahar brachte das Geld ihrem Vater und erklärte: «Ich habe damals zu viel verlangt für den Skitag.» Der Vater sagte nichts und nahm das Geld.

Zusammenhalten

Stefania, 13
Im letzten Sommer waren wir mit der ganzen Klasse am See. Auf einer Wiese mit einem Spielplatz machten wir Pause. Mein Freund fand im Gebüsch einen Fussball aus Leder. Wir spielten zusammen, bis der Lehrer uns rief. Adi hatte sich schon lange einen Fussball gewünscht. Er nahm den Ball mit. Wir spazierten weiter bis zur Schiffstation. Da bemerkte der Lehrer, dass Adi einen Ball unter dem Arm trug. «Gehört der Ball dir?», fragte er. Alle schwiegen, und da sagte ich plötzlich: «Ja, der Ball gehört ihm.» Mein Freund wurde ganz rot. Der Lehrer sagte: «Also gut, dann gehen wir jetzt.»

Julia, 17
An einem Mittwoch kam meine Freundin nicht zur Schule. Die Lehrerin fragte: «Weiss jemand, wo Rebecca ist?» Ich hatte Angst, dass die Lehrerin bei Rebecca zuhause anrufen würde. Ich wusste, dass Rebecca mit ihrem neuen Freund in die Stadt gegangen war. Ihr Freund hatte nämlich frei. Ich wusste auch, dass Rebeccas Mutter und die Lehrerin sehr böse wären, wenn sie die Wahrheit herausfinden würden. So sagte ich: «Rebecca ist krank. Sie hat mir heute Morgen telefoniert. Ich bringe ihr die Aufgaben nach Hause.»

Roman, 12
Meine Freundin Irina hatte in einem Kleidergeschäft einen Pullover gestohlen. Am andern Tag kam ein Mädchen aus unserer Klasse zu mir und sagte: «Mein Bruder hat gestern gesehen, wie Irina einen Pullover gestohlen hat. Ich finde, wir sollten mit der Lehrerin sprechen.» Ich hatte grosse Angst. Ich sagte zu dem Mädchen: «Bitte sprich nicht mit der Lehrerin. Sag deinem Bruder, er soll Irina nicht verpfeifen.»

1. **Haben Stefania, Julia und Roman deiner Meinung nach gelogen? Diskutiert eure Meinung in der Klasse.**

2. **Verstehst du die Ausdrücke «verpfeifen» und «verpetzen»? Schau im Wörterbuch nach.**

3. **Was könnte passieren, wenn die Wahrheit auskommt? Wähl eine Geschichte und schreib sie weiter.**

4. **Bearbeite im Grammatik- und Übungsbuch: II Die Zeitformen im Satz, Seite 14; III Satzbau (1): Satztypen, Seite 18.**

Dursun und Bahar – 5. Folge

Bahar und Dursun mussten nicht nur Deutsch lernen. Sie mussten auch Französisch lernen. Die anderen Schülerinnen und Schüler hatten schon drei Jahre Französischunterricht gehabt.
5 Karin, eine Freundin von Bahar, übte mit Bahar und Dursun die französischen Dialoge, die Wörter und die Diktate. Das machte Karin sehr gerne, denn sie konnte schon recht gut Französisch. Sie sagte jeweils: «Französisch ist eine
10 sehr schöne Sprache und eine Weltsprache.» Damit meinte sie, dass Französisch in vielen Ländern eine offizielle Sprache ist.

Bahar lernte viel und machte grosse Fortschritte. Sie wusste, dass sie die französische
15 Sprache in Kanada brauchen würde. Dursun mochte diese Sprache nicht. Er kam nur langsam vorwärts. Trotzdem lernte er gerne mit Karin und Bahar zusammen. Aber alleine machte er fast nichts.

Dursun und Bahar – 6. Folge

Immer, wenn sie zusammen Französisch lernten, sagte Dursun zu Bahar: «Die deutsche Sprache hat uns zusammengebracht, die französische Sprache trennt uns.» «Wie meinst du das?»,
5 fragte Bahar. «Du denkst immer an Kanada, wenn wir Französisch lernen», antwortete Dursun. «Du weisst, dass unsere Familie nicht hier bleiben kann. Unser Asylgesuch ist definitiv abgelehnt worden», sagte Bahar. Dursun
10 wusste das, und er war traurig.

Im Sommer fuhr die Klasse in die Berge ins Klassenlager. Auf einer Wanderung verloren Bahar und Dursun die Klasse. Sie waren in das Gespräch über die Sommerferien vertieft.
15 Dursun fuhr in die Heimat. Bahar blieb in der Schweiz. Sie erzählten sich von ihren Plänen, und plötzlich hatten sie die Klasse aus den Augen verloren. Lange suchten sie den Weg und kamen erst im Dunkeln beim Lagerhaus an.

LERNTECHNIK

Zusammen lernen

Hast du das auch schon mal erlebt? Du sitzt zu Hause und denkst: «Eigentlich sollte ich jetzt die Aufgaben machen und die neuen Wörter repetieren.» Dann gehst du in die Küche und nimmst etwas zu essen oder zu trinken. Im Fernseher schaust du, was läuft. Nur Quatsch! Du hoffst, dass dir jemand telefoniert, damit du plaudern kannst. Du langweilst dich, aber du hast keine Lust zu lernen.

Das passiert allen Menschen. Alleine hinzusitzen und zu arbeiten, das braucht viel Disziplin. Einfacher ist es, wenn du mit jemandem abgemacht hast. Dann weisst du, dass jemand auf dich wartet, dass ihr euch gegenseitig helfen könnt.
Zu zweit oder zu dritt lernen ist manchmal besser als alleine büffeln.

Magbule und David lernen zusammen neue Wörter.

Kitty und Käthy üben zusammen Dialoge.

Eladio, Valerie und Lukas lernen gemeinsam, besser zu schreiben.

Die Lehrerin hatte sich grosse Sorgen gemacht, aber sie schimpfte nicht. Da wusste Dursun, dass etwas passiert war.
Nach dem Nachtessen rief die Lehrerin Bahar zu sich. «Deine Mutter hat angerufen», sagte sie. «Du musst morgen nach Hause fahren. Ihr fliegt übermorgen nach Kanada. Es ist alles bereit.» Bahar schwieg. Sie brachte kein Wort heraus. Sie hörte nicht, wie die Lehrerin weitersprach: «Ich habe mir gedacht, dass jemand dich begleiten darf. Überleg dir, wer mit dir auf den Flughafen kommen soll.» Am andern Morgen fuhr Dursun mit Bahar in die Stadt. Die Klasse war traurig über den Abschied von Bahar. Die meisten Schweizer Schülerinnen und Schüler verstanden nicht, warum Bahars Familie nicht länger in der Schweiz bleiben konnte.
Die Lehrerin versuchte, es ihnen zu erklären.

Aufenthaltsbewilligungen

In der Schweiz leben etwa sieben Millionen Menschen. Davon ist jede sechste Person ausländischer Herkunft. Ausländerinnen und Ausländer brauchen eine Aufenthaltsbewilligung, damit sie längere Zeit in der Schweiz leben können. Bis zum 1. Januar 2002 gab es folgende Bewilligungen.

	Niedergelassene mit Ausweis C	Jahresaufenthalter Jahresaufenthalterin mit Ausweis B	Saisonarbeiter* Saisonarbeiterin mit Ausweis A	Asylsuchende
Geltungsdauer	unbefristet	1 Jahr	höchstens 9 Monate, nachher mindestens 3 Monate im Ausland	– bis zur Gewährung von Asyl oder – bis zur Ausweisung aus der Schweiz
Familiennachzug	Ehefrau oder Ehemann und Kinder unter 18 Jahren jederzeit möglich	Ehefrau oder Ehemann und ledige Kinder unter 18 Jahren möglich, wenn das Einkommen reicht, die Wohnung gross genug ist und die Betreuung der Kinder klar ist	kein Recht auf Familiennachzug	kein Recht auf Familiennachzug
Arbeitsgebiete	keine Einschränkung, ausgenommen Berufe, die das Schweizer Bürgerrecht verlangen, wie z. B. Notar, Anwalt	nach arbeitsmarktrechtlicher Nachfrage: hochqualifiziertes Personal oder Hilfskräfte	Saisonberufe im Gastgewerbe, auf dem Bau, in der Landwirtschaft	unterschiedlich, je nach Kanton und Nachfrage auf dem Arbeitsmarkt
Stellenwechsel	keine Einschränkung	nach 1 Jahr möglich, Bewilligung nötig	nicht möglich	nicht möglich
Kantonswechsel	Bewilligung wird in der Regel erteilt	nach 1 Jahr möglich, Bewilligung nötig	nicht möglich	nicht möglich
Politische Betätigung	Recht auf gewerkschaftliche Tätigkeit, kein Stimm- und Wahlrecht	Recht auf gewerkschaftliche Tätigkeit, kein Stimm- und Wahlrecht	Recht auf gewerkschaftliche Tätigkeit, kein Stimm- und Wahlrecht	Recht auf gewerkschaftliche Tätigkeit, kein Stimm- und Wahlrecht

* Seit dem 1. Januar 2002 sind die Aufenthaltsbewilligungen abgeändert worden. Insbesondere gibt es den Ausweis A für Saisonarbeiter/-in nicht mehr.

1. Überlegt gemeinsam.
   Zu welcher Gruppierung gehört Bahars Familie?
   Zu welcher Gruppierung gehört Dursuns Familie?
   Zu welcher Gruppierung gehören Schülerinnen und Schüler, die ihr kennt?

2. Bearbeite im Grammatik- und Übungsbuch:
   IV Kausaler Nebensatz mit «weil» und «da», Seite 20.

Ausländische Wohnbevölkerung in der Schweiz

1. Schau die Grafik zum Ausländeranteil der Wohnbevölkerung an und hör das Referat von Herrn Dr. Walter Kurmann, Migrationsdelegierter der Schweizerischen Erziehungsdirektorenkonferenz.

Ausländeranteil der Wohnbevölkerung
Entwicklung in Prozenten

Jahr	1888	1900	1910	1920	1930	1941	1950	1960	1970	1980	1985	1989	1993	1994
%	7,8	11,6	14,7	10,4	8,7	5,2	6,1	10,8	16,2	14,4	14,8	15,3	18,0	18,6

2. Hör das Referat von Herrn Dr. Walter Kurmann nochmals und kreuz an. Welche Aussagen sind richtig, welche sind falsch?

	richtig	falsch
1. 1910 betrug der Ausländeranteil mehr als 14 %.	☐	☐
2. Der Ausländeranteil hat seit 100 Jahren ständig zugenommen.	☐	☐
3. Während dem 2. Weltkrieg (1939–1945) lag der Ausländeranteil bei weniger als 6 %.	☐	☐
4. 1970 war mindestens jeder 7. Mensch ausländischer Herkunft.	☐	☐
5. Am Anfang des 20. Jahrhunderts förderte man die Assimilation.	☐	☐
6. Am Anfang des 20. Jahrhunderts konnten sich Ausländerinnen und Ausländer frei in der Schweiz niederlassen.	☐	☐
7. In jüngster Zeit ist man davon überzeugt, dass Massnahmen zur Integration der ausländischen Bevölkerung in die schweizerische Kultur nötig ist.	☐	☐

3. Schau die Grafik an.
Woher kommen die in der Schweiz lebenden Ausländerinnen und Ausländer?
Wie viele Jugendliche sind in deiner Klasse?
Aus welchen Ländern kommen sie?
Entspricht deine Klasse dem schweizerischen Durchschnitt?
Kannst du eine Grafik von deiner Klasse herstellen?

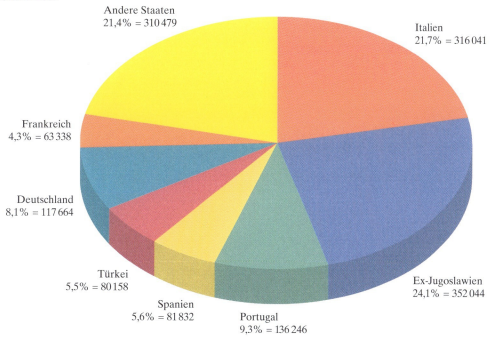

Ständige ausländische Wohnbevölkerung nach Nationalitäten (Total 1 457 802 = 100 %)
Stand 2001

- Andere Staaten 21,4 % = 310 479
- Italien 21,7 % = 316 041
- Ex-Jugoslawien 24,1 % = 352 044
- Portugal 9,3 % = 136 246
- Spanien 5,6 % = 81 832
- Türkei 5,5 % = 80 158
- Deutschland 8,1 % = 117 664
- Frankreich 4,3 % = 63 338

4. Was bedeuten die Begriffe «Assimilation» und «Integration»?
a) Schau in einem Wörterbuch nach.

b) Ordne die unten stehenden Ausdrücke den Begriffen «Assimilation» und «Integration» zu.

- sich anpassen
- sich eingliedern
- sich selbst bleiben
- die eigene Herkunft verneinen
- bikulturell sein
- dazugehören
- gleich werden
- mitmachen
- zur eigenen Herkunft stehen
- sich einfügen

5. Diskutiert in der Klasse die Vorteile und die Nachteile von Assimilation und Integration.

6. Bearbeite im Grammatik- und Übungsbuch:
V Temporaler Nebensatz mit «wenn» und «als», Seite 22.

Dursun und Bahar – 7. Folge

Auf dem Flughafen schenkte Dursun Bahar ein Buch mit Fotos aus der Schweiz. Bahar blätterte in dem Buch und sah, dass Dursun vorne eine Widmung hineingeschrieben hatte:
«Für Bahar, mit der ich Deutsch gelernt habe, und für Bahar, für die ich Deutsch gelernt habe.»

«Wie meinst du das?», fragte Bahar. «Am Anfang habe ich Deutsch nur gelernt, weil ich mit dir sprechen wollte», antwortete Dursun.

Abschied

1. Hör das Gedicht mehrmals und ergänz es mit Strophen in anderen Sprachen.

Auf einem Flughafen in Deutschland:
Auf Wiedersehen.
Ich werde oft an dich denken.
Ich werde dir schreiben.

Auf einem Flughafen in Frankreich:
Au revoir.
Je penserai souvent à toi.
Je t'écrirai.

Auf einem Flughafen in Italien:
Arrivederci.
Penserò spesso a te.
Ti scriverò.

Auf einem Flughafen in England:
Goodbye.
I will be thinking of you.
I will write to you.

Auf einem Flughafen in Perù:
Adios.
Pensaré mucho in ti.
Te escriviré.

Auf einem Flughafen in der Türkei:
Allahısmarladık.
Ben seni sık düşüneceğim.
Ben sana yazacağım.

Auf einem Flughafen in Albanien:
Mirupafshim!
Do të mendoj shpesh për ty.
Do të të shkruaj.

Auf einem Flughafen in Kroatien:
Dovidjenja.
Mislićuna Tebe.
Pisaću Ti.

Auf einem Flughafen in Russland:
До свидания.
Я буду часто о тебе вспоминать.
Я буду тебе писать.

Auf einem Flughafen in Portugal:
Adeus.
Vou pensar em ti.
Vou escrever-te.

Auf einem Flughafen in Ägypten:

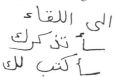

Und was wird in einem Jahr sein?

RÜCKBLICK

Schau auf Seite 6.

Wie viele Themen hat die Einheit?

Welches Thema hat dir besonders gefallen?

Zeichne die Gesichtchen: = schlecht   = es geht   = gut

Welcher Text, welches Bild oder welche Grafik hat dir besonders Eindruck gemacht?

Hast du die «Geschichte einer Freundschaft» einmal ganz durchgelesen?
Wenn nicht, lies die Geschichte jetzt einmal ganz durch.

Zur Lerntechnik: Zusammen lernen
Hast du auch eine Lernpartnerin oder einen Lernpartner?

– Wenn ja: Wie oft lernt ihr zusammen?
  Welche Lerntechniken benützt ihr?
  An welchem Ort lernt ihr am liebsten?

– Wenn nein: Lernst du gerne alleine?
  Was wäre leichter mit einer Lernpartnerin oder einem Lernpartner?
  Wer könnte mit dir zusammen lernen?

Der blaue Zettel
Krimi von Erik Altorfer – 1. Folge

Ein Fund

«He Pedro, warte!» Nermin rannte Pedro nach und holte ihn am Ende des Pausenplatzes ein. «Ein schöner Mist», fluchte Pedro, «ausgerechnet heute müssen wir so viele Aufgaben haben. Dabei wollte ich doch den Match am Fernsehen schauen.» «Komm beruhige dich, Pedro, ich habe schon fast alles gemacht, und beim Deutsch kann ich dir helfen.» «Wirklich?» «Ja, komm wir gehen zu mir, erledigen die Aufgaben und schauen uns dann den Match gemeinsam an.»

Pedro war erleichtert. Er brauchte immer viel mehr Zeit für die Aufgaben als die andern. Die Eltern konnten ihm nicht helfen. Sie sprachen zwar ein bisschen Deutsch, aber jetzt in der Realschule waren die Aufgaben so kompliziert, dass er es alleine schaffen musste.

«Wir müssen zu Fuss gehen, ich habe mein Trambillett vergessen», sagte Nermin. «Schon gut, ich fahre sowieso nicht gern im vollen Tram, wenn es so heiss ist.» Sie gingen durch die kleinen Strassen im Quartier, wo es fast keinen Verkehr hatte. Plötzlich blieb Nermin stehen. «Du Nermin, siehst du das da vorne?» «Hä, was?» «Ja schau doch, ist das nicht – da auf dem Boden!» «Ja klar, ein Portemonnaie!», rief Nermin überrascht. «Ob wohl Geld drin ist?»,

fragte er noch, als Pedro schon losrannte. Er eilte ihm hinterher. Beide waren ganz ungeduldig, als sie es untersuchten. «Geld hat es nicht viel», murmelte Pedro, «ein paar Quittungen, ein Zettelchen. Kein Ausweis, kein Name …» Sein Freund jubelte: «Wir können es behalten, es gehört niemandem!»

«Gahts no, das dürfen wir nicht, wir müssen es im Fundbüro abgeben.» «Ja, aber, wir nehmen wenigstens das Geld heraus, bevor wir es abgeben. Wir …» «Jetzt sei mal ruhig, Nermin», unterbrach ihn Pedro, «schau doch mal, was ich gefunden habe.»

«Definitive Besprechung ‹Operation Kunst› Donnerstag 17 Uhr Burgenpark» stand auf einem hellblauen Zettelchen. «Hast du eine Ahnung, was das bedeuten könnte?» «Keine Ahnung», sagte Nermin, «aber auf jeden Fall tönt das spannend. Du, morgen ist doch Donnerstag … sollen wir hingehen?»

Einheit

Fernsehen

1. Wähl ein Bild aus und gib dem Bild einen Titel.
Schreib einen Kommentar dazu.
Beantworte in deinem Kommentar folgende Fragen:
Wo schauen diese Leute fern?
Was haben sie vorher getan?
Was werden sie nachher tun?
Warum schauen sie fern?

2. Lest einander eure Kommentare vor und diskutiert sie zusammen.

Seite 22 Fernsehen
24 Fernsehverhalten
27 Statistik von Jugendsendungen
28 Aus der Geschichte des Fernsehens
30 Wie entsteht ein Werbespot?
33 Lerntechnik: Nacherzählen
34 Berufsbild: Fernseh- und Radioelektriker
Fernseh- und Radioelektrikerin
35 Cartoon
36 Der blaue Zettel – Es geht los

Das kann ich …

- Ich kann eine Fernsehsendung beschreiben und meine Meinung dazu sagen.
- Ich kann eine Werbekampagne analysieren.

Das verstehe ich …

- Ich verstehe die Statistik auf Seite 27.
- Ich verstehe das Interview auf Seite 30.
- Ich verstehe das Berufsbild auf Seite 34.

Das kenne ich …

- Ich kenne die Jugendsendungen des Schweizer Fernsehens DRS.
- Ich kenne verschiedene Berufe aus dem Bereich Fernsehen/Radio.

Das weiss ich …

- Ich weiss, wie das Schweizer Fernsehen entstanden ist.
- Ich weiss, wie ein Werbespot gemacht wird.
- Ich weiss, was eine Werbekampagne ist.

zweiundzwanzig

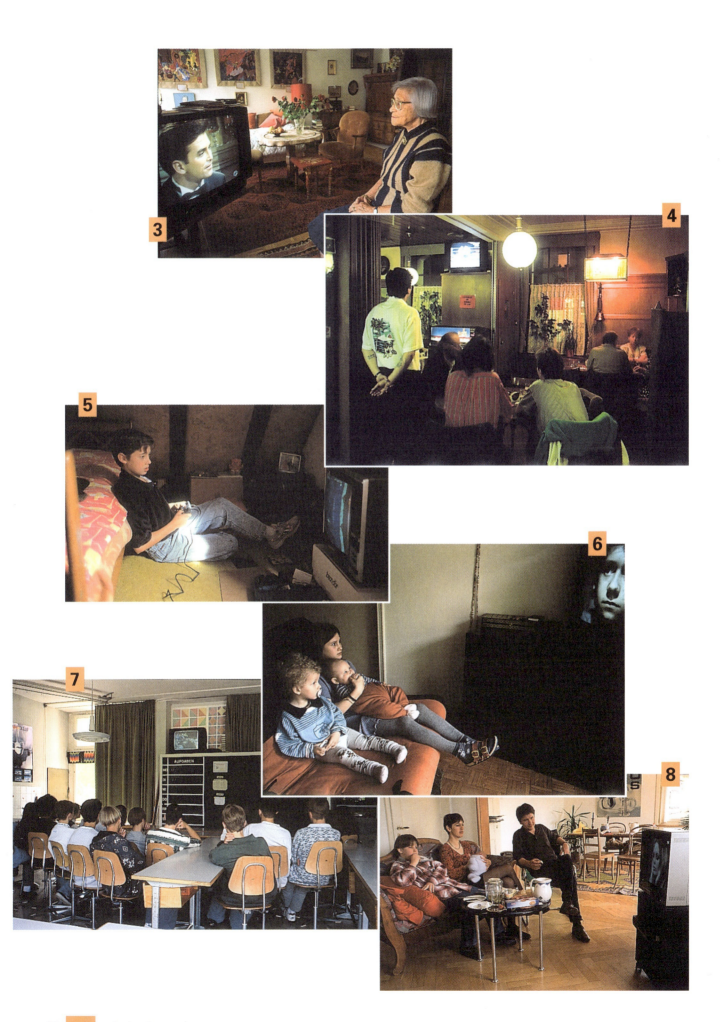

Fernsehverhalten

1. Eine Reporterin des Regionalfernsehens befragt vier Personen zu ihrem Fernsehverhalten. Welche Fragen beantworten die Leute in den Interviews? Notier mögliche Fragen.

Reporterin des Regionalfernsehens	Christoph S., 36, Lehrer
Guten Tag. Ich mache eine kleine Umfrage zum Fernsehverhalten. Hätten Sie ein paar Minuten Zeit für einige Fragen?	Ja bitte.
Wie oft schauen Sie fern?	Ich schaue täglich ein bis zwei Stunden Fernsehen oder Videos.
	Privat schaue ich am liebsten Sport oder gute Spielfilme. Fast nie schalte ich den Fernseher einfach so ein. Ich lese zuerst das Fernsehprogramm.
	Die Tagesschau, Magazine oder Diskussionen schaue ich nie. Die aktuellen Themen lese ich lieber in der Zeitung.
	Fernsehen ist wichtig für mich. Ich kann aber auch gut ohne Fernsehen leben. Wenn ich an einem Ort bin, wo es keinen Fernseher hat, vermisse ich ihn nicht.
Vielen Dank für Ihre Antworten.	Gern geschehen.

Reporterin des Regionalfernsehens	Nina B., 17, Schülerin
Sali. Ich bin vom Regionalfernsehen. Darf ich dir ein paar Fragen stellen zu deinem Fernsehverhalten?	Ja, komm ich dann im Fernsehen heute Abend?
Ja sicher!	Also gut.
	Ich sehe nicht jeden Tag fern. Wenn ich nach der Schule mit Freundinnen abgemacht habe, komme ich manchmal spät nach Hause. Dann muss ich noch Aufgaben machen. Meistens gehe ich nachher ins Bett.
	Wenn ich mal einen Abend allein zuhause bin, sehe ich mir einen Spielfilm an. Meine Eltern haben viele Videos. Ich suche mir ein Video aus, oder ich schalte den Fernseher ein und suche einen Film, der mir gefällt.
	Ich sehe gern fern, aber eigentlich bin ich lieber mit meinen Freundinnen zusammen.
Ich danke dir.	Bitte, bitte.

Reporterin des Regionalfernsehens	Berni S., 13, Schüler
Du schaust sicher auch Fernsehen.	Ja, natürlich.
Darf ich dir einige Fragen stellen über dein Fernsehverhalten?	Ja, wenn es sein muss.
	Ich schaue jeden Tag etwa drei Stunden fern. Wenn ich von der Schule nach Hause komme, schalte ich den Fernseher ein.
	Manchmal suche ich eine Sendung, die mir gefällt. Meistens schaue ich einfach meinen Lieblingssender. Wenn meine Eltern von der Arbeit kommen und wir gegessen haben, schauen wir zusammen die Tagesschau und anschliessend einen Film oder eine Unterhaltungssendung.
	Am Wochenende holen mein Vater und ich meistens ein paar Videokassetten aus der Videothek. Fernsehen ist für mich wichtig.
	Wenns keinen Fernseher hat, zum Beispiel bei einem Freund, frage ich mich manchmal, was ich denn nun tun könnte.
Vielen Dank für deine Antworten.	Schon gut.

Reporterin des Regionalfernsehens	Verena W., 43, Hochbauzeichnerin
Guten Tag. Hätten Sie ein paar Minuten Zeit? Ich mache eine Umfrage zum Fernsehverhalten.	Wenn es nicht zu lange geht …
	Ich sehe jeden Tag fern. Wie lange kann ich nicht genau sagen. Es kommt darauf an, ob ich einen Film finde, der mir Spass macht.
	Wenn ich nach Hause komme, schaue ich im Programmheft nach, was mich interessiert.
	Ich mag Krimis. Nach der Arbeit bin ich zu müde zum Lesen. Vor dem Fernseher kann ich mich entspannen.
	Vor zwei Monaten war mein Fernseher kaputt. Es hat mich gestört, dass ich am Abend nicht fernsehen konnte.
Herzlichen Dank.	Bitte.

2. Führt zu zweit ähnliche Interviews durch.
Stellt zuerst einen Fragenkatalog zusammen.
Ihr könnt die Fragen aus Aufgabe 1 benützen.
Überlegt auch, wie ihr die Personen ansprechen wollt.
Ihr könnt die Interviews auch auf Kassette aufnehmen.
Sammelt die Antworten und schreibt sie auf ein Plakat.

3. Und du?
Wie lange siehst du täglich fern?
Notier deine Schätzung.

4. Führ eine Woche lang Protokoll über deinen Fernsehkonsum.
Gestalte das Protokoll so:

Mein Fernsehkonsum 12.–18. Februar

Wochentag	Zeit	Dauer	Sender	Titel der Sendung	Warum schaue ich fern?
Samstag	12:20	25 min.	RTL	Harry und die Hendersons (Serie)	Der Fernseher läuft schon. (Meine Schwester schaut.)
	18:30	30 min.	TSI	Scacciapensieri (Zeichentrickfilme)	Diese Sendung gefällt mir. Ich schaue sie regelmässig.
	23:25	45 min.	ARD	Olympische Höhepunkte des Tages	Sport interessiert mich. (Ich war bei einem Freund, komme nach Hause und bin noch nicht müde.)
Sonntag	14:30	1h 30 min.	SF DRS	Der Clou (Krimi)	Ich mag Krimis und mir gefällt Robert Redford!
	20:15	1h 25 min.	ZDF	Eine Mörderin (Krimi)	Der Fernseher läuft schon. (Meine Mutter schaut auch.)

In der Spalte «Warum schaue ich fern?»
kannst du verschiedene Gründe notieren.
Zum Beispiel:

- Die Sendung interessiert mich.
- Ich kann etwas lernen.
- Ich möchte wissen, was in der Welt passiert.
- Ich möchte mich entspannen.
- Ich möchte meine Probleme vergessen.
- Ich langweile mich.
- Ich bin allein.
- Alle schauen diese Sendung.
- Der Fernseher läuft schon.
- Ich schaue aus Gewohnheit.
- ...

5. Berechne nach einer Woche,
wie lange du täglich im Durchschnitt fernsiehst.

6. Vergleicht euren täglichen Fernsehkonsum.

Statistik von Jugendsendungen

1. Hör den Vortrag von Frau Catherine Mühlemann und ergänz die Angaben in der Tabelle.

Beliebteste Kinder- und Jugendsendungen im Schweizer Fernsehen DRS 1993

Sendung	Wochentag	Sendezeit	Einschaltquote in %	Sehbeteiligung
Nachtschicht	Donnerstag		17,6	484 000
Zebra		18.00–18.45	4,3	105 000
Spielfilm	Donnerstag und Freitag	16.55–17.40	2,5	
1, 2 oder 3	Donnerstag			72 000
Schlips		17.10–17.40	2,3	59 000

2. Hört den Vortrag von Frau Mühlemann nochmals und erklärt mit einer Skizze, wie die Erhebung der Daten mit Telecontrol funktioniert.

3. Beschreib eine Jugendsendung für deine Kolleginnen und Kollegen nach folgendem Muster.

Dania Ch., 15
Die Sendung Zebra wird jeden Samstag von 18.00 Uhr bis 18.45 Uhr gesendet. Die Sendung richtet sich an junge Leute von 15 bis 25 Jahren. Es gibt Information und Unterhaltung aus den Bereichen Leben, Schule, Umwelt, Freizeit, Arbeit von Jugendlichen und jungen Erwachsenen. Am letzten Samstag habe ich einen Bericht aus der Musikszene von London gesehen. Da haben sich junge Leute indischer Herkunft zusammengeschlossen. Sie treffen sich an bestimmten Orten und machen Musik, tanzen und unterhalten sich.
Ich schaue die Sendung regelmässig. Sie gefällt mir, weil ich viel Neues erfahre und Themen behandelt werden, die mich beschäftigen.

4. Führt in der Klasse ein Streitgespräch mit Gründen für und gegen das Fernsehen.

Spielregeln

1. Bestimmt jemanden aus der Klasse oder Gruppe als Gesprächsleiterin oder Gesprächsleiter.

2. Teilt eure Klasse oder Gruppe in zwei Parteien ein.
   Eine Partei ist im Streitgespräch für das Fernsehen, eine dagegen.

3. Bereitet euch in der Gruppe auf das Gespräch vor.
   Hier habt ihr eine Liste von Möglichkeiten, wie ihr eure Meinung ausdrücken könnt.
   Wählt aus dieser Liste fünf Ausdrücke, die ihr in der Diskussion benützen wollt.

neutral, nicht wertend	dafür	dagegen
Wir sind der Meinung, dass …	Wir sind für …, weil …	Wir sind gegen …, weil …
Unserer Meinung nach …	Wir finden es gut, dass …	Wir finden es schlecht, dass …
Unserer Ansicht nach …	Wir sind überzeugt, dass …	Wir lehnen das ab, weil …
Wir sind der Ansicht, dass …	Wir sind dafür, weil…	Wir sind nicht einverstanden, weil …

4. Die Gesprächsleiterin oder der Gesprächsleiter hat die Aufgabe, das Gespräch zu eröffnen und die Reihenfolge der Sprecherinnen und Sprecher zu bestimmen.

5. Am Anfang nehmen die zwei Parteien kurz Stellung. Zum Beispiel:
   – «Unserer Meinung nach ist das Fernsehen eine gute Ergänzung zur Schule. Im Fernsehen können Kinder und Jugendliche viel Neues erfahren.»
   – «Wir sind gegen das Fernsehen, weil Fernsehen süchtig macht.»

5. Bearbeite im Grammatik- und Übungsbuch: I Partizip 2 als Adjektiv, Seite 25.

Aus der Geschichte des Schweizer Fernsehens DRS

1. Lies den Text zweimal durch. Benütz kein Wörterbuch.

Am 20. Juli 1953 strahlte das Schweizer Fernsehen seine erste Sendung aus. Das Studio war eine alte Tennishalle in Zürich. Ausserdem gab es drei Büros. Die Telefonistin erinnert sich, wie eng alles war. «An den Besprechungen mit dem Programmleiter mussten wir manchmal auf dem Boden sitzen.» Das Büro war so klein, dass es keinen Platz für Stühle hatte.

Ein Team von 26 Personen arbeitete damals für das Fernsehen. Das Programm war kurz: In den ersten Monaten wurde nur an drei Abenden pro Woche eine Stunde gesendet.

Die meisten Sendungen wurden live im Studio produziert. Der Zoodirektor brachte Tiere mit und stellte sie vor. Es gab kleine Radballturniere. Turner zeigten ihre Übungen am Barren. Theaterstücke und Sketchs wurden im Studio gespielt und direkt übertragen.

Damals hatte noch fast niemand zu Hause einen Fernseher. Viele Leute waren der Meinung, diese «neumodische» Sache würde bald wieder verschwinden. Für die meisten war ein Fernseher aber ganz einfach zu teuer. Ein Gerät kostete zwischen 1 400 und 2 000 Franken. Das waren fast vier durchschnittliche Monatslöhne!

Ende 1953 hatte das Fernsehen deshalb nur 920 Abonnenten und Abonnentinnen. Viele Menschen sahen dieses «Wunderwerk der Technik» zum ersten Mal im Schaufenster eines Warenhauses. Bald sah man auch an vielen Cafés und Restaurants das Schild «Hier Fernsehen». Manche Gäste reservierten schon am Mittag einen Platz, damit sie das Programm am Abend sicher sehen konnten. Wenn eine spannende Sendung auf dem Programm stand, waren sicher alle Plätze besetzt.

Das Fernsehen wurde stark kritisiert. Die verschiedensten Meinungen über die Gefahr des Fernsehens waren zu hören. Es zerstöre das Familienleben. Die Menschen würden zu Analphabeten. Es schade der Gesundheit. Es sei ein Werk des Teufels und mache die Menschen zu Sklaven …

1954 erhielt das Fernsehen einen Reportagewagen. Es konnte nun aus der ganzen Schweiz gesendet werden: Sonntägliche Gottesdienste, Fussballspiele und Verhandlungen im Parlament wurden direkt übertragen. Sport, wie zum Beispiel die Übertragung der Fussballweltmeisterschaft von 1954, war besonders beliebt. In einer Umfrage sagte fast die Hälfte der Leute, sie hätten ihren Fernseher wegen der Sportberichte gekauft. Viele Zuschauerinnen und Zuschauer waren begeistert, als endlich auch Sendungen aus dem Ausland übertragen werden konnten.

1956 hatte das Fernsehen bereits 20 000 Abonnentinnen und Abonnen-

ten. Am 18. Juni 1958 wurde die erste Tagesschau für die ganze Schweiz ausgestrahlt. Drei Sprecher kommentierten auf Deutsch, Französisch und Italienisch die gleiche Tagesschau. Bis 1960 stieg die Zahl der Konzessionen auf 100 000. Neben Zürich wurden Lugano für die italienische Schweiz und Genf für die französische Schweiz als Studiostandorte ausgewählt.

Am 1. Februar 1965 wurden die ersten TV-Spots gesendet. Erlaubt waren zunächst höchstens zwölf Minuten Werbung pro Tag. An Sonn- und Feiertagen gab es keine Werbung. Eine Minute Werbung kostete 6 000 Franken. Der erste TV-Spot am Schweizer Fernsehen DRS warb für Ovomaltine. Am häufigsten waren damals TV-Spots für Waschmittel. Die Werbung gab dem Fernsehen eine finanzielle Sicherheit.

1968 wurde das Farbfernsehen eingeführt. Nun gab es bereits über eine Million Konzessionen. 1981 bezahlten bereits über zwei Millionen Abonnentinnen und Abonnenten eine Konzession. Mit den Jahren konnten die Zuschauerinnen und Zuschauer immer mehr ausländische Sender empfangen. Heute steht das Schweizer Fernsehen DRS im Konkurrenzkampf mit vielen ausländischen Sendern. 1993, vierzig Jahre nach dem mutigen Start, arbeiteten rund 1 400 Personen beim Schweizer Fernsehen DRS fest, und über 1,8 Millionen Konzessionen werden bezahlt.

2. Wähl aus dem Text zehn Wörter, die du nicht verstehst.
Such sie im Wörterbuch und schreib sie in dein Wörterheft.
Lies jetzt den Text noch einmal.

3. Im Text findest du Angaben, wie viele Konzessionen in welchem Jahr bezahlt wurden.
Schreib eine Tabelle.

Jahreszahl	Konzession
1953	....
1954	?
....	....

4. Beantworte die Fragen.

1. 1953 hatten erst wenig Menschen in der Schweiz einen Fernseher. Warum?
2. Warum sind TV-Spots für das Fernsehen wichtig?
3. Du hast gelesen, wie sich das Schweizer Fernsehen in vierzig Jahren entwickelt hat.
Welche Veränderungen findest du am wichtigsten?

5. Bearbeite im Grammatik- und Übungsbuch:
II Verben im Passiv, Seite 27; Lerntechnik: Unregelmässige Verben im Präteritum, Seite 31.

Wie entsteht ein Werbespot?

1. Lies das Interview mit Elena und Rolando zweimal. Benütz kein Wörterbuch.

Wie entsteht eigentlich ein Werbespot?

Elena: Also, das ist eine recht komplizierte Sache. In der Regel läuft es so: Eine Firma, nehmen wir z. B. eine Schokoladefabrik, gibt einer Werbeagentur den Auftrag, eine Werbekampagne für eine bestimmte Schokolade zu entwerfen. Die Firma gibt auch gleich das Budget an, das heisst, sie sagt, wie viel die Werbekampagne kosten darf. In der Werbeagentur werden dann verschiedene Ideen oder Konzepte entworfen. Normalerweise wird nicht nur im Fernsehen geworben. Es gibt zum Beispiel auch Zeitungsinserate und Plakate. Dort kommen ähnliche oder gleiche Bilder und Texte vor wie im TV-Spot. Die Konsumentinnen und Konsumenten sollen das Produkt sofort wiedererkennen können.

Ist es nicht schwierig, immer neue Ideen zu haben?

Rolando: Tja, deshalb ist unsere Arbeit auch so interessant. Jede Werbekampagne ist eine Herausforderung. Sie muss neu und originell sein. In den Werbeagenturen werden die Leute, die die Ideen entwerfen, Creativ-Director genannt.

Wie geht es weiter, wenn der Kunde ein Konzept gewählt hat?

Elena: Dann beginnt die Planung der Werbekampagne. Zum Beispiel wird festgelegt, in welchen Fernsehkanälen und in welchen Kinos der Werbespot gezeigt wird, zu welcher Zeit und wie oft. Das alles hängt natürlich vom Budget ab. Beim Fernsehen müssen auch schon die gewünschten Werbezeiten gebucht werden, mindestens vier Monate im Voraus!

Also, am Anfang steht die Idee für die Werbekampagne. Dann wird die Kampagne sorgfältig geplant.

Elena: Richtig. Nach der Planung beginnt die eigentliche Produktion. Zuerst werden das Drehbuch und das Storyboard bis ins letzte Detail ausgearbeitet. Dann müssen die verschiedenen Leute gesucht werden, also die Darstellerinnen und Darsteller, der Kameramann oder die Kamerafrau, die Beleuchter, der Tonmeister, vielleicht auch ein Dekorbauer und Handwerker für die Kulissen, eine Schneiderin usw. In verschiedenen Sitzungen werden dann mit allen Beteiligten die Details

Elena und Rolando produzieren seit mehreren Jahren Werbespots.

besprochen. Gleichzeitig muss auch das Aufnahmestudio oder der Aufnahmeort gebucht werden. An den festgelegten Drehtagen wird dann der Werbespot gedreht.

Wie lange dauert die Dreharbeit für einen Spot?

Rolando: Das ist ganz unterschiedlich. Es kann einen Tag oder bei komplizierten und längeren Spots sogar fünf Tage dauern.

Und dann ist der Werbespot fertig?

Rolando: Nein, nein. Das aufgenommene Filmmaterial muss bearbeitet werden. Das heisst, es müssen die besten Aufnahmen ausgewählt werden. Von vielleicht dreissig Minuten Filmmaterial können zuletzt je nach Spotlänge nur dreissig oder vierzig Sekunden gebraucht werden. Wenn der TV-Spot fertig geschnitten ist, fehlt noch der Ton. Meistens wird eine Musik komponiert. Sprecherinnen und Sprecher werden aufgenommen und die Geräusche ausgewählt.

Wie lange dauern eigentlich Werbespots?

Elena: Auch das ist ganz unterschiedlich. Von fünf bis sechzig Sekunden.

Was kostet die Produktion eines Spots?

Elena: Ein Werbespot kostet Fr. 80 000.– bis 150 000.–. Ganz kurze Spots können auch weniger kosten. Längere und komplizierte Spots auch das Doppelte oder Dreifache.

Und was kostet denn eine Sendeminute am Fernsehen?

Rolando: Auch hier kommt es auf die Sendezeit an. Beim Schweizer Fernsehen kostet die Sendeminute vor der Tagesschau etwa Fr. 70 000.–.

Das bedeutet, dass jede Sekunde ungefähr Fr. 1200.– kostet.

Rolando: Ja, so ist es.

Für welche Produkte werden Werbespots produziert?

Elena: Es gibt verschiedene Produktegruppen. Am häufigsten wird heute für Lebensmittel und Körperpflege geworben.

Gibt es auch Produkte, für die im Fernsehen nicht geworben werden darf?

Elena: Ja natürlich, es gibt verschiedene Verbote. Werbung für Alkohol, Tabak und für verschiedene Heilmittel ist verboten. Bei den Schweizer Weinbauern löste das Werbeverbot für Alkohol 1965 grossen Protest aus.

Was macht euch am meisten Spass an dieser Arbeit?

Rolando: Jeder Auftrag ist ein Projekt für sich. Man muss sich hineindenken, Ideen haben. Es muss genau geplant werden, damit alles klappt.

Viele Leute meinen, dass unser Beruf nur Freude macht und lässig ist. In Wirklichkeit ist es eine sehr harte Arbeit. Dass wir nach zehn Jahren immer noch dabei sind, zeigt, dass wir keine schlechten Spots machen und dass wir trotz allem immer noch Freude an der Arbeit haben.

2. Schau im Schweizer Fernsehen DRS an zwei Tagen einige Werbeblöcke an und notier zu den Werbespots Angaben nach folgendem Muster.

Produkt *Für welches Produkt wird geworben?*	**Kategorie** *Zu welcher Kategorie gehört das Produkt?*	**Sprache** *Welche Sprache wird gesprochen?*	**Personen** *Welche Rollen spielen die Personen?*
Lindt-Schokolade	Lebensmittel	Schweizerdeutsch	Ein Mann macht seiner Frau eine Überraschung.

3. Diskutiert in der Klasse eure Beobachtungen.
Wie viele Kategorien von Produkten habt ihr gefunden?
Wann wird Schweizerdeutsch gesprochen?
Und wann Hochdeutsch?
Welche Rollen spielen die Frauen?
Welche Rollen spielen die Männer?
Und die Kinder?

PROJEKT

Eine Werbekampagne

Für viele Produkte wird gleichzeitig im Fernsehen, in Zeitschriften und in Zeitungen geworben. Man nennt dies eine Werbekampagne. Wähl ein Produkt und schreib einen Bericht über die Werbekampagne. Verwende in deinem Bericht auch Bildmaterial und Werbetexte. Beantworte in deinem Text folgende Fragen:

1. Welches Produkt hast du gewählt und warum?

2. Wo wird geworben? Zum Beispiel: Fernsehen, Radio, Zeitung, Zeitschrift, Kino, Plakate, Briefkastenwerbung, Sponsoring von Veranstaltungen (Konzerte, Theater usw.).

3. Wie wird geworben? Beschreib die Bilder, notier den Text, schneid Inserate aus.

4. Vergleich die Werbung in den verschiedenen Medien. Findest du zum Beispiel auf dem Plakat Sätze, die auch im TV-Spot vorkommen? Was ist ähnlich? Was ist gleich?

5. Deine Meinung?
Hast du durch die Werbung die wichtigsten Informationen über das Produkt erhalten? Gefällt dir die Werbekampagne? Gefällt sie dir nicht? Warum?
Würdest du das Produkt nun kaufen?

4. Bearbeite im Grammatik- und Übungsbuch:
III Satzbau (2): Der einfache Satz, Seite 32;
IV Indirekte Rede (1), Seite 36.

LERNTECHNIK

Nacherzählen

1. Lies die Geschichte. Benutz ein Wörterbuch.

   ### Schlechte Werbung

   Ein junger Mann hat eine Werbeagentur eröffnet. Das Büro ist modern und mit teuren Möbeln eingerichtet. Auf dem Pult steht ein rotes Telefon. Der junge Mann sitzt am Pult und liest die Zeitung. Da meldet die Sekretärin eine Kundin. Die erste. Der Mann lässt die Kundin zuerst zehn Minuten warten. Er denkt: «Sie soll glauben, ich habe viel zu tun.» Als die Frau ins Büro kommt, nimmt er das Telefon und spricht: «Ja, sicher. Werbespots gehören natürlich dazu. Ja, im Durchschnitt kostet ein Werbespot etwa 200 000 Franken. Gut, ich rufe Sie morgen an. Schönen Tag, Frau Direktor.» Er legt den Hörer auf. Die Frau schaut ihn erstaunt an. Der junge Mann fragt: «Was kann ich für Sie tun?» Sie antwortet ruhig: «Ich bin die Monteurin der Firma Nixofon. Ich muss das Telefon anschliessen.»

2. Damit du die Geschichte gut nacherzählen kannst, brauchst du Stichwörter. Stichwörter sind Wörter, mit deren Hilfe du dich an den Text erinnern kannst. Nicht alle Wörter sind gute Stichwörter. Einige Wörter erinnern dich wenig an die Geschichte, andere geben dir viele Informationen. Unterstreich in der folgenden Liste maximal zehn Ausdrücke, die dir beim Nacherzählen helfen können.

junger Mann	die erste Kundin	200 000 Franken
haben	warten lassen	morgen
eine Werbeagentur	sollen	schönen Tag
teure Möbel	viel zu tun haben	den Hörer auflegen
und	glauben	erstaunt schauen
stehen	ins Büro kommen	Monteurin
ein rotes Telefon	das Telefon nehmen	Firma Nixofon
sitzen	Werbespot	Telefon anschliessen
die Sekretärin	im Durchschnitt	

3. Wähl aus den unterstrichenen Wörtern fünf Stichwörter aus und schreib sie auf einen Zettel.

4. Erzähl die Geschichte mit Hilfe der Stichwörter nach. Nimm deine Nacherzählung auf eine Kassette auf.

5. Hör deine Nacherzählung und kontrollier mit Hilfe des Textes. Hast du etwas Wichtiges vergessen? Schreib einen neuen Zettel und ergänz die Stichwörter, wenn nötig.

6. Erzähl nun die Geschichte noch einmal und nimm sie auf. Hör die zweite Nacherzählung und kontrollier mit Hilfe des Textes. Sicher hast du die Geschichte beim zweiten Mal genauer nacherzählt.

7. Überleg: Welche Wörter sind deiner Meinung nach gute Stichwörter?

8. Stichwörter dienen zum Nacherzählen einer Geschichte. Wozu dienen Stichwörter noch?

Berufsbild: Multimediaelektroniker Multimediaelektronikerin

Berufsbeschreibung

Multimediaelektroniker und Multimediaelektronikerinnen installieren und reparieren Geräte der Unterhaltungselektronik und des Heim-Büros.
Dazu gehören
- Fernsehgeräte und Videoapparate
- Camcorder
- HiFi-Anlagen
- Computer und Monitore
- Antennen- und Sat-Anlagen

Multimediaelektroniker und Multimediaelektronikerinnen liefern die Geräte und Anlagen und installieren sie bei der Kundschaft. Sie sind viel unterwegs und haben viel Kontakt mit Menschen.

Sie sind auch in der Lage, Personal Computer kundengerecht einzurichten und die Software zu installieren.

Berufsanforderungen

- gutes Vorstellungsvermögen für technische Zusammenhänge
- Experimentierfreude
- handwerkliches Geschick
- permanente Lernbereitschaft
- Ordnungssinn und Zuverlässigkeit
- guter Umgang mit Menschen

Berufsausbildung

- Dauer der Lehre: 4 Jahre
- praktische Ausbildung in einem Unterhaltungselektronik- oder Computer-Fachgeschäft
- theoretische Ausbildung an der Berufsschule (1,5 Tage pro Woche)
- Die bestandene Lehrabschlussprüfung gibt Anrecht auf das eidgenössische Fähigkeitszeugnis als «Gelernter Multimediaelektroniker oder gelernte Multimediaelektronikerin»

Arbeits- und Berufsverhältnisse

Mit der theoretischen technischen Ausbildung und der umfassenden praktischen Ausbildung gibt es verschiedene Einsatzmöglichkeiten, zum Beispiel als:
- qualifizierte Berufsleute mit anspruchsvollen Aufgaben im Innen- und Aussendienst
- Multimedia-Spezialisten und -Spezialistinnen in Werkstätten von Fachgeschäften

Vorbildung/Aufnahmebedingungen

- abgeschlossene obligatorische Schule
- gute Leistungen in den Fächern Mathematik und Physik
- Bestehen einer verbandsinternen Eignungsprüfung und einer Schnupperlehre.

Weiterbildung/Spezialisierung/Aufstieg

- Weiterbildung ist wegen der raschen technischen Entwicklung sehr wichtig. Entsprechende Fachkurse bieten die Berufsschulen, die Berufsverbände und die Generalvertretungen an.
- Höhere Fachprüfung
- Technikerschule (TS)
- Fachhochschule (FH)
- viele Aufstiegsmöglichkeiten

Verwandte Berufe

- Elektroniker/Elektronikerin
- Geräteinformatiker/Geräteinformatikerin
- Informatiker/Informatikerin

Weitere Informationen

Verband Schweizerischer
Radio- und Televisionsfachgeschäfte (VSRT)
Niklaus-Wengistrasse 25
Postfach 1311
2540 Grenchen
Telefon 032 654 20 20
Telefax 032 654 20 29

---

1. Lies das Berufsbild.

2. Überleg: Welcher Kollegin oder welchem Bekannten könntest du diesen Beruf empfehlen? Warum?

3. Welche Berufe interessieren dich? Frag deine Lehrerin oder deinen Lehrer nach Berufsbildern oder hol sie im Berufsinformationszentrum (BIZ).

Cartoon

1. Schreib in die Sprechblasen, was die Figuren sagen könnten.

RÜCKBLICK

Schau auf Seite 22.
Welcher Text hat dir in dieser Einheit besonders gefallen?
Welcher hat dir gar nicht gefallen?

Zeichne die Gesichtchen: ☺ = gut 😐 = es geht ☹ = schlecht

Hast du eine Werbekampagne analysiert?
Wenn ja, wie hat dir diese Arbeit gefallen?
Wenn nein, warum?

Zur Lerntechnik: Nacherzählen
Hast du ein Kassettengerät?
Wenn ja: Wozu benutzt du das Kassettengerät?

- [ ] Musik hören
- [ ] Geschichten hören
- [ ] Nacherzählung üben
- [ ] Aussprache üben
- [ ] Diktate üben
- [ ] Lesen üben

Wenn nein: Bei wem könntest du ein Kassettengerät ausleihen?
Weisst du, wie viel ein einfaches Kassettengerät kostet?

Der blaue Zettel

Krimi von Erik Altorfer – 2. Folge

Es geht los

«Die Knaben lagen hinter einem Busch und sagten kein Wort. Von ihrem Versteck aus konnten sie den Park und alle Leute, die kamen und gingen, beobachten. Ihre Fahrräder lagen hinter ihnen im Gras: sie wollten schnell reagieren können und dachten schon an eine Verfolgungsjagd auf den Velos quer durch die ganze Stadt!

Die Jungen schauten alle Leute, die im Park waren, genau an. Vor lauter Aufregung hatte Nermin ein seltsames Gefühl im Magen; in der Schule, vor Prüfungen, war das auch immer so. Aber sobald die Prüfung dann begann, war es weg. Eigentlich musste er in der Schule ja auch keine Angst haben: er hatte meist gute Noten, und in Deutsch bekam er wegen seiner Fremdsprachigkeit noch keine Note.

Da stupste Pedro ihn in die Seite und zeigte mit einer Kopfbewegung an, dass er aufpassen musste: vor ihnen war ein Mann aufgetaucht. Er trug einen Hut und einen Mantel, der eigentlich viel zu warm für einen Sommertag war. Er schien nervös zu sein, blickte immer wieder auf die

Uhr und schaute umher. «Du, der sucht sicher jemanden», flüsterte Pedro Nermin zu. Jetzt zündete der Mann eine Zigarette an und begann, heftig daran zu ziehen. «Es ist schon halb sechs», sagte Nermin, «ich muss nach Hause!» Nermins Eltern waren sehr streng, und es gab jedesmal Ärger, wenn Nermin zu spät nach Hause kam. Der Vater wurde dann immer wahnsinnig wütend, und einmal bekam Nermin sogar während zwei Wochen Hausarrest – er musste direkt von der Schule nach Hause gehen und durfte seine Kameraden nicht mehr treffen.

«Sei doch kein Spielverderber, jetzt wird es erst richtig spannend, warte doch noch ein bisschen, bitte.»
Als Nermin nun sah, wie der Mann plötzlich zu laufen begann, vergass er schnell, dass er nach Hause musste, und beobachtete, wie der Mann quer durch den Park rannte. Dort traf er auf eine andere Person: es war eine Frau. Die beiden umarmten und küssten sich. Die Jungen kicherten: «Auf die haben wir nicht gewartet, hä?» Noch während sie Spass machten, erblickte Pedro plötzlich etwas Auffälliges. «He Nermin, pass auf!» Am anderen Ende des Parkes begrüssten sich zwei Männer. Der eine hatte einen Aktenkoffer bei sich, beide trugen Sonnenbrillen.

Sie schauten sich nach allen Seiten um, bevor sie sich auf eine leere Bank setzten. «Mist, die sind zu weit weg. Wir können nicht hören, was sie sagen. Komm wir schleichen uns in ihre Nähe, dann können wir sie belauschen.»

Einheit 3

Seite 38 Familien
40 Portrait einer Familie
42 Berufsbild: Schriften- und Reklamemaler – Schriften- und Reklamemalerin
43 Andere Länder, andere Sitten
47 Eine Familie – fünf Generationen
48 Die Biografie meiner Familie
49 Gedanken eines Zwölfjährigen
49 Gedanken einer Vierzehnjährigen
50 Familiensprache – Muttersprache
53 Lerntechnik: Wortfamilien
54 Der blaue Zettel – Wie gewonnen, so zerronnen

Das kann ich ...
- Ich kann einen Text über Familienfeste nacherzählen.
- Ich kann einen einfachen Familienstammbaum zeichnen.

Das verstehe ich ...
- Ich verstehe die Statistik auf Seite 39.
- Ich verstehe das Berufsbild auf Seite 42.
- Ich verstehe die Texte auf Seite 50–51.

Das kenne ich ...
- Ich kenne verschiedene Familienfeste aus anderen Ländern.
- Ich kenne die Biografie meiner Familie.

Das weiss ich ...
- Ich weiss, was mir meine Muttersprache bedeutet.
- Ich weiss, was eine Wortfamilie ist.

Familien

1. Schau die Bilder auf Seite 39 an. Welche Familie möchtest du kennen lernen? Warum? Notier deine Begründung.

2. Lest einander eure Begründungen vor und vergleicht sie.

3. Die folgende Statistik aus der Volkszählung von 2000 zeigt, dass die meisten Eltern in der Schweiz ein Kind oder zwei Kinder haben. Vergleicht die beiden Grafiken. Diskutiert die Entwicklung. Was sind mögliche Gründe für die Veränderungen?

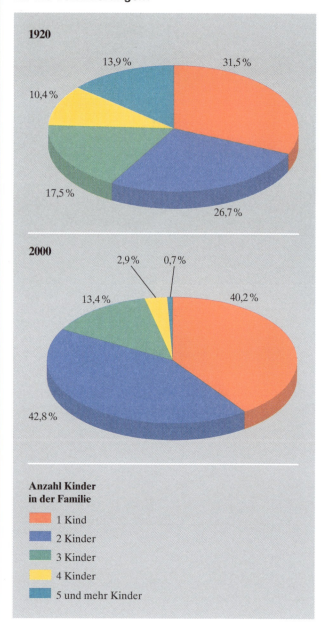

Portrait einer Familie

1. Lies den Text über die Familie Meierhofer. Benütz kein Wörterbuch.

Das ist die Familie Meierhofer. Zeedah ist Kenianerin. Harry ist Schweizer. Sie lernten sich 1980 in Zürich kennen. 1981 heirateten sie. Sie leben mit ihren Töchtern Alexandra (14) und Sophia (12) in
5 einem kleinen Dorf. Alexandra und Sophia sprechen mit ihrer Mutter Englisch, mit dem Vater Schweizerdeutsch. Die Eltern sprechen zusammen Hochdeutsch. Alexandra und Sophia gehen in die Sekundarschule. Sophia möchte später gern an
10 der Universität studieren und Ärztin werden. Alexandra, die sehr gern zeichnet, denkt an einen gestalterischen Beruf, zum Beispiel Grafikerin. Sie denkt, dass sie mit 18 von zu Hause ausziehen wird. Aber das dauert noch einige Jahre … Zeedah
15 arbeitet auf einer Beratungsstelle. Harry ist Elektroingenieur. Die Familie wohnt in einer Fünfeinhalbzimmerwohnung.

Die Hausarbeit wird in der Familie aufgeteilt. Beide Mädchen finden es gut, dass ihr Vater und ihre
20 Mutter arbeiten. Es ist für sie deshalb auch klar, dass die Hausarbeit gemeinsam gemacht wird. Alle müssen ihren Teil beitragen. Sophia sagt, dass das auch so wäre, wenn sie einen Bruder hätte. Zeedah und Harry würden auch von einem Jungen erwarten,
25 dass er im Haushalt hilft. Am Samstag kauft die Mutter jeweils für mehrere Tage Lebensmittel ein. Sie kocht sehr gut. Die Familie hat auch oft Gäste zum Essen. Alexandra und Sophia teilen sich verschiedene Aufgaben. Sie decken den Tisch
30 und räumen nach dem Essen ab. Sie tragen die Küchenabfälle in den Garten auf den Kompost und putzen den Käfig ihrer Maus. Nicht alle Arbeiten machen sie gleich gern. Alexandra reinigt am liebsten das Bad. Sophia sagt, dass sie gern staubsaugt,
35 aber sie räumt nicht gern auf. Natürlich helfen auch Harry und Zeedah beim Putzen. Zudem ist es eine Abmachung, dass alle ihre eigenen Sachen aufräumen. Zusammen mit dem Vater machen die Mädchen auch die Wäsche. Die Mutter übernimmt
40 das Bügeln.

Wenn Zeedah wegen ihrer Arbeit am Mittag nicht nach Hause kommt, kocht Harry manchmal das Mittagessen. Auch Sophia und Alexandra können kochen. Das macht ihnen Spass. Nur den Geschirr-
45 spüler räumt Alexandra nicht gern aus. Wer gekocht hat, muss auch die Küche aufräumen.

Alexandra findet es gut, dass die Eltern ihr und Sophia klare Regeln geben. Natürlich sind die Mädchen nicht immer mit allem einverstanden. Sie
50 möchten zum Beispiel am Abend länger draussen bleiben. Ein anderes Thema ist ihr gemeinsames Zimmer. Sie erklären, dass sie gern ein eigenes Zimmer haben möchten. Weil oft Gäste da sind, hat die Mutter ein Zimmer als Gästezimmer ein-
55 gerichtet. Sophia und Alexandra teilen sich ein Zimmer. Das ist nicht ganz einfach. Sophia räumt nicht gern auf. Es macht ihr nichts aus, wenn noch Sachen herumliegen. Alexandra stört das. Sie möchte manchmal auch gern allein sein. Die Mut-
60 ter ist der Meinung, dass nicht jede ihrer Töchter ein eigenes Zimmer braucht. Auch sie hatte als Kind und als Jugendliche nie ein eigenes Zimmer. Ein wichtiges Ereignis im Jahr sind die gemeinsamen Ferien in Kenia, der Heimat von Zeedah.
65 Die Familie verbringt die Ferien bei Verwandten und Bekannten. Alexandra und Sophia fühlen sich sehr wohl dort. Ihnen gefällt das warme Klima und die Schönheit der Natur in Kenia. Sophia sagt, dass die Leute in Kenia zufriedener sind als hier.
70 Alexandra erzählt, dass sie in Kenia auffallen, weil

sie eine helle Haut haben. Die Leute schauen sie an. Aber das macht ihr nichts aus.

Auch in der Schweiz hat die Familie viele Verwandte. Harry hat zwei Brüder und zwei
75 Schwestern. Mehrmals im Jahr treffen sich alle zu Familienfesten. Alexandra erklärt, dass «Verwandte» für die Leute in Kenia etwas anderes ist als hier. Auch den entfernten Verwandten oder Bekannten ihrer Mutter sagt sie «Tante» oder
80 «Onkel». So haben alle Leute eine grosse Familie. In der Schweiz sind nur die Geschwister der Eltern Tanten und Onkel.

2. Lies den Text noch einmal.
Notier fünf Wörter, die du nicht verstehst, und schlag sie im Wörterbuch nach.

3. Wer erledigt in der Familie Meierhofer die Hausarbeit?
Füll die Tabelle aus. Bei einigen Arbeiten steht im Text, ob die Personen die Arbeit gern machen oder nicht. Schreib auch das in die Tabelle.

Hausarbeiten	Zeedah	Harry	Alexandra	Sophia	gern / nicht gern
einkaufen	☐	☒	☐	☐	
kochen	☐	☐	☐	☐	
Tisch decken	☐	☐	☐	☐	
Tisch abräumen	☐	☐	☐	☐	
Geschirrspüler ausräumen	☐	☐	☐	☐	
Küche aufräumen	☐	☐	☐	☐	
Küchenabfälle auf den Kompost bringen	☐	☐	☐	☐	
aufräumen	☐	☐	☐	☒	*nicht gern*
putzen	☐	☐	☐	☐	
Bad reinigen	☐	☐	☐	☐	
staubsaugen	☐	☐	☐	☐	
Haustier betreuen	☐	☐	☐	☐	
Wäsche waschen	☐	☐	☐	☐	
bügeln	☐	☐	☐	☐	

4. Wer macht in deiner Familie die Hausarbeit? Wer macht was gern?
Schreib selber eine Tabelle und füll sie für dich und deine Familie aus.

5. Familie Meierhofer hat eine grosse Wohnung.
Trotzdem teilen Sophia und Alexandra ein Zimmer.
Zeedah findet, dass nicht jeder Mensch ein eigenes Zimmer braucht.
Diskutiert eure Meinungen.
Vergleicht auch die Situation bei euch zu Hause.

6. Bearbeite im Grammatik- und Übungsbuch:
I Verben mit dass-Anschluss und Infinitivkonstruktion, Seite 39.

Berufsbild: Schrift- und Reklamegestalter
Schrift- und Reklamegestalterin

Berufsbeschreibung

Schriften- und Reklamegestalter und Schriften- und Reklamegestalterinnen beschriften Schaufenster, Firmentafeln, Autos, Textilien, Fassaden, Messe- und Ausstellungsstände. Sie stellen die Entwürfe selbst her oder arbeiten nach Fremdentwürfen. Vom Entwurf wird die Reinzeichnung oder die Computervorlage im richtigen Massstab gemacht. Die Arbeitstechniken sind vielfältig: Buchstaben und Signete werden aus verschiedenen Materialien wie Folien, Kunststoffe, Metalle geschnitten und gedruckt oder mit dem Pinsel aufgemalt, getupft oder gespritzt. Schriften- und Reklamegestalter und Schriften- und Reklamegestalterinnen setzen moderne technische Hilfsmittel und Maschinen ein, zum Beispiel Fotolabors mit Kamera oder Grafikcomputer. Schriften- und Reklamegestalter und Schriften- und Reklamegestalterinnen arbeiten hauptsächlich im Atelier, manchmal aber auch im Freien, auf Leitern und Gerüsten.

Die Arbeit umfasst feines, exaktes Zeichnen, grossräumiges Zeichnen und handwerkliche Techniken mit Zierfeder, Pinsel, Spritzpistole und Schneidemesser. Bei der Montage einer Tafel muss man auch die Bohrmaschine bedienen können. Die Materialien sind vorwiegend Farben, Folien, Acrylglas, Holz, Aluminium, Textilien und Papier.

Berufsanforderungen

- gute zeichnerische und praktische Begabung
- Sinn für Formen, Farben und Proportionen
- technisches Verständnis
- Genauigkeit und Ausdauer
- gute Gesundheit

Berufsausbildung

- Dauer der Lehre: 4 Jahre
- praktische Ausbildung in einem Schrift- und Reklameatelier
- theoretische Ausbildung an der Berufsschule mit den Fächern: Fachzeichnen, Farbenlehre, Schriftkenntnisse und Schriftanwendung, Gestalten mit Schrift, Form und Farbe, Berufskenntnisse, Sprache und Kommunikation, Gesellschaft (Recht, Politik, Wirtschaft, Kultur), Turnen und Sport.
- Die bestandene Lehrabschlussprüfung gibt Anrecht auf das eidgenössische Fähigkeitszeugnis als «Gelernter Schrift- und Reklamegestalter oder gelernte Schrift- und Reklamegestalterin»

Verwandte Berufe

- Dekorationsgestalter/Dekorationsgestalterin
- Grafiker/Grafikerin
- Siebdrucker/Siebdruckerin

Vorbildung/Aufnahmebedingungen

- abgeschlossene obligatorische Schule
- Schnupperlehre erwünscht, teilweise verlangt

Weiterbildung/Spezialisierung/Aufstieg

Weiterbildung durch Kurse an einer Schule für Gestaltung oder durch kaufmännische Kurse. Begabte Berufsleute können auch in die Grafikklasse einer Schule für Gestaltung eintreten.

Arbeits- und Berufsverhältnisse

- Anstellungsmöglichkeiten bieten Klein-, Mittel- und Grossbetriebe.
- Je nach Betrieb und Auftrag muss man auch Nachtarbeit (für Messevorbereitungen) leisten.

Weitere Informationen

Verband Werbetechnik
Haus der Schrift
Ulmenweg 15
4564 Obergerlafingen
Telefon 032 675 32 82
Telefax 032 675 32 92

---

1. Lies das Berufsbild.

2. Überleg: Welcher Kollegin oder welchem Kollegen könntest du diesen Beruf empfehlen? Warum?

3. Welche Berufe interessieren dich? Frag deine Lehrerin oder deinen Lehrer nach Berufsbildern oder hol sie im Berufsinformationszentrum (BIZ).

Andere Länder, andere Sitten

1. Wähl einen Text aus und lies ihn genau. Merk dir die wichtigsten Informationen, sodass du den Inhalt den andern erzählen kannst. Du darfst auch ein paar Stichwörter aufschreiben. Benütz ein Wörterbuch für die unbekannten Wörter.

Xia Chen aus China (Beijing)
Wie wir in unserer Familie Chong Yang feierten

Nach dem chinesischen Mondkalender ist der 9. September ein Festtag. Dieses Fest heisst *Chong Yang*. Das bedeutet *doppelt stark*, also *sehr stark*. Meine Familie feierte diesen Tag nicht zuhause, sondern im Freien oben auf
5 einem Berg. Am Nachmittag des 9. Septembers machten wir uns mit der Familie meiner Tante auf den Weg. Wir versuchten, so hoch wie möglich auf den Berg zu steigen. Dies hat natürlich eine Bedeutung. Alle möchten sich und den andern zeigen, wie stark sie sind. Je höher
10 man auf den Berg steigen kann, desto länger wird man leben. Wir Kinder konnten natürlich schneller gehen als unsere Eltern. Aber wir gingen absichtlich sehr langsam, damit die ältere Generation immer vor uns war. Wir wussten, dass besonders an diesem Tag die älteren
15 Leute zeigen wollen, dass sie noch jung und stark sind.

Die Besteigung dauerte ungefähr drei Stunden. Wenn wir den Gipfel erreichten, ging die Sonne gerade unter. Wir alle freuten uns sehr darüber, dass wir gesund und stark waren. Während wir uns unterhielten, assen und tranken, genossen wir die unbe-
20 schreiblich schöne Abendröte. Wir waren immer begeistert von diesem wunderschönen Anblick. Wir glaubten, dass dies eine Nachricht vom Himmel ist: Die späten Stunden eines Tages sind schön, und die späten Jahre im Leben können so schön sein. Schliesslich wünschten die Jungen den Eltern einen glücklichen
25 Lebensabend. So feierten wir das Chong-Yang-Fest.

Eva Dobosowa aus der Slowakei
Wie wir in unserer Familie Weihnachten feiern

In der Ostslowakei, wo ich lebe, gibt es eine besondere Sitte an Weihnachten. Vor dem Abendessen legt der Vater ein paar schöne, neue Münzen ins Lavabo. Alle Familienangehörigen waschen sich die Hände und nehmen dann eine Münze. Sie soll im kommenden Jahr Glück
5 bringen in allen Geldangelegenheiten. Die Kinder waschen sich als letzte die Hände und nehmen alle übrig gebliebenen Münzen. Dann wünschen wir uns alles Gute und gehen zum Tannenbaum, wo viele Geschenke bereitliegen.

Das Abendessen ist ein besonderes Menü. Nach dem Aperitif bekommen
10 wir eine Weihnachtswaffel mit einem religiösen Motiv, und die Grossmutter macht allen, die am Tisch sitzen, mit Honig ein Kreuz auf die Stirn. Dann essen wir die Waffeln mit Honig, damit wir ein süsses Leben haben, und dazu Knoblauch, damit wir gesund bleiben. Nachher gibt es Sauerkrautsuppe mit Steinpilzen, Reis und Wurst oder geräuchertes Fleisch.
15 Als Hauptspeise gibt es Fisch, der auf eine besondere Art zubereitet wird. Als Dessert essen wir eine heisse Süssspeise mit gemahlenem Mohn. Natürlich gibt es auch verschiedene süsse Weihnachtsgebäcke und Obst.

Maria Georgiewa aus Bulgarien
Wie wir in unserer Familie den ersten März feiern

Den ersten März feiert man in Bulgarien als den
Tag des kommenden Frühlings. Dieser Tag ist etwas
ganz Spezielles. Am ersten März schenken sich
Verwandte und Bekannte Martenizas. Eine
5 Marteniza ist aus roten und weissen Wollfäden
geknüpft und kann unterschiedliche Formen
haben. Man trägt Martenizas an die Kleider geheftet
oder als Armreif und wünscht sich Glück, Freude
und Gesundheit.

10 Auch Haustiere und Obstbäume werden mit
Martenizas behängt. Dies soll Fruchtbarkeit und
eine gute, reiche Ernte bringen. Wenn man die
erste Schwalbe oder den ersten Storch sieht, hängt
man seine persönliche Marteniza an einen Strauch.

Oswaldo Moreira aus Argentinien
Es gibt immer einen Grund zum Feiern

In Argentinien gibt es wie überall traditionelle Feste. Aber auch
sonst wird viel gefeiert. Meistens einfach, weil wir gerade gute
Laune haben. Manchmal gibt es keinen äusseren Anlass, aber die
argentinischen Leute finden immer einen Grund zum Feiern,
5 Essen und Trinken. Meine Familie lud oft Gäste ein. Vor dem
Haus stand dann ein grosser Tisch, an dem kein Platz frei blieb.
Wir grillierten Rindfleisch. Dazu gab es Salate. Bis spät in
der Nacht wurde gegessen, getrunken und getanzt.

Doris May aus der Schweiz
Wie wir in unserer Familie Ostern feierten

Am Ostersonntag nach dem Frühstück traf sich die ganze
Familie im Garten zum *Eiertütschen*. Das ging so: Alle brachten
ein Ei mit. Ich konnte nun zum Beispiel meine Cousine fragen:
«Willst du mit mir *tütschen*?» Wenn sie ja sagte, musste sie
5 mir ihr Ei hinhalten. Ich versuchte dann, mit meinem Ei die
Schale ihres Eis zu zerschlagen. Wenn es klappte, musste
sie auch die andere Seite ihres Eis hinhalten. Sonst war sie an
der Reihe. Viele Eier waren schon nach dem ersten *Tütschen*
kaputt und wurden sofort gegessen. Aber es gab Eier, die auch
10 nach zehn Versuchen mit verschiedenen Personen noch ganz
blieben. Gewonnen hatte, wer zuletzt noch ein unbeschädigtes
Ei besass. Wir lachten immer viel bei diesem Spiel, und ich
glaube, auch die Erwachsenen hatten ihren Spass.

Wannapa Thamasucharit aus Thailand
Wie wir in unserer Familie Song-kran feierten

Das Song-kran-Fest ist unser traditionelles Neujahr, das vom 13. bis am 15. April dauert. Natürlich benutzen wir heute auch den internationalen Kalender, aber das Fest wird immer noch gefeiert.

Beim Song-kran-Fest besuchen die Jungen die Alten. Ich bin in meiner Familie das jüngste Kind und wohne noch bei meinen Eltern. Aber meine Brüder und meine Schwester, die schon verheiratet sind, kommen zu meinen Eltern auf Besuch. So ist die ganze Familie beisammen, und wir können uns wieder einmal richtig unterhalten.

Zum Neujahrsfest gehört auch ein alter Brauch. Die Söhne und Töchter giessen den Eltern aus einer Schale eine Flüssigkeit aus Wasser, Parfum, Puder und Blumenblättern in die Hände. Zuerst ist das älteste Kind der Familie an der Reihe, dann das zweitälteste. Ich komme natürlich zuletzt dran. Wenn wir fertig sind, wünschen wir den Eltern alles Gute im neuen Jahr. Auch die Eltern sagen uns Glückwünsche. Schliesslich bekommen wir Geschenke von den Eltern. Am Abend essen wir zusammen und unterhalten uns.

Caroline la Chapelle aus Holland
Das Sinterklaas-Fest

Ende November wird es in Holland spannend für die Kinder. Der Sinterklaas kommt wie jedes Jahr aus Spanien nach Holland. Er kommt mit einem Dampfschiff. Mit ihm kommen viele schwarze Peter. Das sind bunt bekleidete, schwarz geschminkte Männer, die bis am 5. Dezember in Holland bleiben. Die Kinder müssen sich gut benehmen, weil die schwarzen Peter immer alles sehen. In der Nacht geht der Sinterklaas mit den schwarzen Petern über die Dächer und schaut durch die Kamine in die Wohnungen.

Am 5. Dezember ist der Sinterklaas-Abend, der letzte Abend, an dem sich der Nikolaus in Holland aufhält. Dann bringt er die Geschenke. Der Sinterklaas ist ein alter Mann, und deshalb reitet er auf einem weissen Pferd. Die Kinder legen ihre Wunschzettel neben den offenen Kamin und stellen Wasser und Karotten für das Pferd bereit. Oft machen sie auch eine Zeichnung für den Sinterklaas. In der Nacht nehmen die Eltern alles weg und stellen dafür ein kleines Geschenk hin. Am Morgen finden es die Kinder und singen, um sich beim Sinterklaas zu bedanken.

Wenn die Kinder sechs oder sieben Jahre alt sind, merken sie, dass das Ganze ein Spiel ist. Das Fest verändert sich dann. Noch immer kaufen die Eltern Geschenke für die Kinder, aber jetzt legen sie den Geschenken kleine Verschen bei. In diesen Verschen wird von witzigen Sachen, die ein Kind im letzten Jahr getan hat, berichtet. Aber auch die Kinder kaufen Geschenke für die Eltern. Oft werden auch Überraschungen gemacht, in denen das Geschenk versteckt ist. Weil wir das Sinterklaas-Fest haben, schenkt man sich dafür an Weihnachten nichts.

Krisztina Perléniy aus Ungarn
Wie wir in unserer Familie Ostern feiern

Die Vorbereitung auf Ostern beginnt mit dem Bemalen der hartgekochten Eier. Wir bemalen die Eier mit verschiedenen Farben und Mustern.

Am Sonntagmorgen versteckt meine Mutter die Eier und Schokoladehasen im Garten. Wir Kinder gehen alle mit einem Körbchen und suchen nach Eiern und Hasen. Alle wollen am meisten finden. Wenn wir alles gefunden haben, gehen wir ins Haus, stellen die Körbchen hin und frühstücken an einem schön gedeckten Tisch. Es gibt Kuchen in Zopfform, Schinken im Teig mit Salat und Meerrettich, und dann essen wir die Eier, die während des Suchens beschädigt worden sind. Am Nachmittag gehen wir in die Kirche und nehmen an der Prozession teil.

Am Montag feiern wir weiter. In Ungarn gibt es folgenden Brauch: Die Männer gehen zu den Frauen und tragen ein kleines Gedicht über den Frühling vor. Dann fragen sie, ob sie den Kopf der Frauen mit einem mitgebrachten Parfum besprühen dürfen, weil die Frauen wie Blumen sind und nicht verwelken dürfen. Die Frauen zeigen den Männern den Korb mit den farbigen Eiern, und die Männer können wählen, welches Ei ihnen am besten gefällt. Das Ei, das sie ausgewählt haben, dürfen sie mitnehmen. Meine Familie wohnt in der Stadt, aber auf dem Land bekommen die Männer nicht nur Eier, sondern auch Geld.

2. Von welchen Ländern erzählen die Texte, die ihr gelesen habt?
Sucht die Länder auf der Weltkarte.
Zeigt sie einander und erzählt euch den Inhalt der Texte.

3. Auf der ganzen Welt feiern die Familien Feste.
Erzählt einander, welche Bedeutung Feste in eurer Familie haben.
– Was feiert ihr?
– Wer ist dabei?
– Aus welchem Grund wird ein Fest gefeiert?
– Gefallen euch die Feste, oder gibt es auch solche, die ihr nicht mögt?
– Feiert ihr das Fest in der Schweiz anders als in eurer Heimat?
Vergleicht eure Erfahrungen.

4. Beschreib ein Fest, das du in deiner Familie feierst oder gefeiert hast.
Lies den Text den andern Schülerinnen und Schülern vor.

5. Diskutiert die vorgelesenen Berichte über Feste und beantwortet die folgenden Fragen:
– Haben alle den vorgelesenen Text verstanden?
– Was wird im Text gut beschrieben, was nicht?
– Fehlen im Text Informationen, Angaben usw.?
– Würdet ihr etwas anders schreiben? Warum?
Für die Diskussion können euch auch die Ausdrücke auf Seite 27 helfen.

6. Bearbeite im Grammatik- und Übungsbuch:
II Adverbien der Zeit, Seite 42.

Eine Familie – fünf Generationen

Auf diesem Bild sind fünf Generationen vereint.
Die Familie lebt in Kalabrien in Süditalien:
Roberta ganz rechts ist einjährig.
Ihre Mutter Anna ist vierundzwanzig Jahre alt.
Die Grossmutter Angela ist achtundvierzig Jahre alt,
die Urgrossmutter Teresa ist einundsiebzig.
Die Ururgrossmutter heisst Carmela und ist zweiundneunzig Jahre alt.

1. Schreib in den einfachen Stammbaum den Namen und das Alter der vier Frauen.

2. Hier kannst du die Namen deiner Familie in deinen eigenen Stammbaum eintragen.

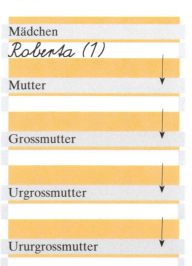

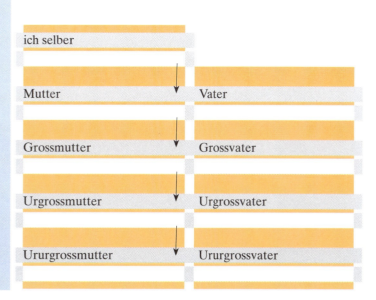

47 siebenundvierzig

Die Biografie meiner Familie

1. Du hast den einfachen Stammbaum mit den Namen deiner Eltern und Grosseltern mütterlicherseits aufgeschrieben.
Zeichne das folgende Schema auf ein grosses Blatt und trag die Angaben ein.
Wahrscheinlich weisst du nicht alles selber.
Frag deine Eltern, ob sie dir helfen können.
Du kannst wählen, welche Grosseltern, Urgrosseltern und Ururgrosseltern du nehmen willst.
Was du nicht herausfindest, lässt du leer.

	ich selber	Mutter oder Vater	Grossmutter oder Grossvater	Urgrossmutter oder Urgrossvater	Ururgrossmutter oder Ururgrossvater
Name					
Geburtsdatum					
Bildung in Jahren: Wie viele Schuljahre und wie viele Jahre für die Berufsausbildung?					
Berufsbezeichnung(en)					
Welche Sprache(n) spricht diese Person?					
Wie heissen die Wohnorte? Wie viele Wohnortswechsel?					
Nationalität(en)					
Religion					

2. Vergleich jetzt die Angaben in deiner Familienbiografie.
Beginn rechts bei den Ururgrosseltern.

Zum Beispiel:
– Wie viele Sprachen haben deine Ururgrosseltern gesprochen?
– Wie viele Sprachen sprechen deine Eltern?
– Wer hat mehr Wohnorte: deine Ururgrosseltern oder du?
– Haben sich die Nationalitäten der Mitglieder deiner Familie verändert?
– Wie ist es mit der Bildung? Wie lange ging man zur Schule?
– Wie sind diese Veränderungen zu erklären?

3. Besprecht die Familienbiografien in der Klasse. Vergleicht die Veränderungen.

4. Bearbeite im Grammatik- und Übungsbuch:
III Satzbau (3): Das Satzgefüge, Seite 45.

Gedanken eines Zwölfjährigen

Mutter sagt, dass Vater sie nicht versteht.
Mutter sagt, dass Grossvater Grossmutter schlecht behandelt.

Vater sagt, dass Mutter nicht auf ihn eingeht.
Vater sagt, dass Grossmutter mit Grossvater nicht liebevoll umgeht.

Grossmutter sagt, dass Grossvater sie unterdrückt.
Grossmutter sagt, dass Vater Mutter mehr achten sollte.

Grossvater sagt, dass Grossmutter kein Verständnis für ihn hat.
Grossvater sagt, dass Mutter Vater liebevoller behandeln sollte.

Und ich? Ich bin wütend auf Mutter und Vater und Grossmutter und Grossvater.
Wie die miteinander umgehen! Nicht zum Aushalten!
Warum machen die Menschen immer die gleichen blöden Fehler?
Warum sind meine Eltern genau so wie meine Grosseltern?
Werden Kinder immer wie ihre Eltern?
Also, wenn ich erwachsen bin, dann mache ich alles anders.
Ich weiss nur noch nicht genau, wie …

Rosemarie Künzler-Behncke

1. Lies die folgenden Ausdrücke. Kennst du ähnliche Ausdrücke in deiner Sprache? Schreib sie auf.

Sie versteht ihn nicht.	verstehen + Akkusativ
Er behandelt sie schlecht.	(schlecht) behandeln + Akkusativ
Sie geht nicht auf ihn ein.	eingehen auf + Akkusativ
Er unterdrückt sie.	unterdrücken + Akkusativ
Er achtet sie nicht.	achten + Akkusativ
Sie hat kein Verständnis für ihn.	Verständnis haben für + Akkusativ
Sie geht nicht liebevoll mit ihm um.	(liebevoll) umgehen mit + Dativ

2. Kannst du ein ähnliches Gedicht über deine Familie schreiben? Sicher gibt es Sätze, die bei dir anders sein müssen.

Vielleicht heisst es: *Meine Schwester sagt, dass ich Verständnis für sie habe.*
oder *Meine Mutter sagt, dass meine Schwester meinen Bruder unterdrückt.*

Gedanken einer Vierzehnjährigen

Die Familie bedeutet mir sehr viel. Wir sind fünf Personen in der Familie. Ich habe es immer gern, wenn wir zusammen sind und etwas machen. Die Familie ist für mich nicht nur Vater, Mutter und Schwestern, auch Tanten und Onkel, Grosseltern, Cousin und Cousinen gehören dazu. In meiner Familie hat der Krieg in Bosnien viel verändert. Wir sind alle traurig und irgendwie ruhiger geworden. Viele von uns haben es jetzt lieber, wenn sie allein im Zimmer sind oder irgendwo, nur allein. Wir gehen auch oft zu Verwandten oder sie kommen zu uns auf Besuch. Ich muss für meine Familie viel machen, zum Beispiel kochen, bügeln und putzen. Wir halten alle sehr zusammen. Die Schweizer Familien sind sehr anders als unsere Familie. In der Schweizer Familie gehen die Söhne und Töchter weg, wenn sie erwachsen sind. Bei uns ist es nicht immer so, viele bleiben im Haus der Eltern.

Dragana

1. Vergleich deine Familie mit der Familie von Dragana oder mit einer Schweizer Familie, die du kennst. Was ist gleich oder ähnlich? Was ist ganz anders? Notier deine Beobachtungen.

**2. Bearbeite im Grammatik- und Übungsbuch:
IV Fragesatz als Nebensatz mit «ob» und Fragepronomen, Seite 48.**

Familiensprache – Muttersprache

1. Lies die Texte der Jugendlichen.

Marco Di Giorgio spricht in der Familie Italienisch.

Meine Muttersprache ist Italienisch. Meine Eltern sprechen zwei verschiedene Dialekte, die ich nicht verstehe. Sie haben immer versucht, mit mir nicht Dialekt zu sprechen.

Ich bin stolz, dass ich die italienische Sprache kann. Sie bedeutet mir viel. Obwohl ich in Zürich geboren bin, habe ich mich nie als Zürcher gefühlt. Ich fluche lieber auf Italienisch als auf Deutsch.

Debora spricht in der Familie Italienisch und Serbokroatisch.

Meine Eltern haben verschiedene Muttersprachen, aber sie verstehen sich in einer der beiden Sprachen. Sie verstehen sich in allen Fällen. Sie sind herzlich und liebevoll. Auch wenn sie wütend sind, verstehe ich sie.

Eduardo Valinas spricht in der Familie Spanisch.

Ich habe eigentlich keine Muttersprache, sondern eine Vatersprache. Ich liebe diese Sprache sehr. Sie ist weltbekannt. Man spricht sie fast in allen Erdteilen. Ich würde meine Sprache nie tauschen gegen eine andere. Vielleicht mache ich manchmal Fehler, aber meine Eltern verstehen mich immer.

Sendy spricht in der Familie Kroatisch.

Das Wort in der Muttersprache!
Ja, ich bin stolz darauf,
und es bedeutet mir viel.

Muttersprache heisst
frei sprechen,
sich frei ausdrücken,
und es geniessen dabei.
Nicht immer überlegen,
ob ich etwas falsch gesagt habe,
sondern befreit zuhören,
den Tönen, die ich selbst ausspreche,
und es geniessen dabei.

Dieser Reichtum,
den mir meine Eltern gaben,
ist unmessbar wertvoll.

Nermin Dubic spricht in der Familie Bosnisch.

Ich komme aus Bosnien. Meine Muttersprache ist ganz leicht für mich. Ich darf meine Muttersprache nicht verlernen. Wenn ich sie verlernen würde, könnte ich nicht mehr mit meiner Familie sprechen.

Meine Muttersprache bedeutet mir sehr viel. Ohne meine Sprache könnte ich nicht in mein Land gehen, denn meine Verwandten dort verstehen weder Deutsch noch Französisch. Natürlich gibt es in meinem Land auch Leute, die Deutsch, Französisch oder Englisch können, und es ist wirklich sehr schön, eine andere Sprache zu können. Aber ich will meine Muttersprache nicht vergessen. Sie ist die wichtigste Sprache für mich. Wenn ich meine Sprache vergessen würde, wäre ich auch kein Bosnier mehr.

Bianca Sulcis spricht in der Familie Hochdeutsch, Schweizerdeutsch und ein wenig Italienisch.

An meinen Vater
Du kannst fünf Sprachen. Leider kann ich keine besonders gut. Wir sprechen zusammen Hochdeutsch und verstehen uns prima, auch wenn manchmal ein italienisches Wort fällt. Ich wäre sehr froh, ich könnte so gut Deutsch wie du Italienisch. Auch wenn wir im Ausland sind, bin ich froh, dass du dich so gut mit Sprachen auskennst.
Wenn mein Onkel aus Sardinien telefoniert, hole ich dich schnell ans Telefon, denn mit meinen Italienischkenntnissen kann ich mich nicht so gut durchschlagen. Mit meinem Bruder rede ich Schweizerdeutsch. Darauf bin ich richtig stolz. Er kann aber viel besser Italienisch als ich. Er lernt es in einem Kurs. Schade, dass ich nicht so gut Italienisch kann wie du, Vater. Aber ich weiss, ich werde es noch lernen.

Abdullah Karakök spricht in der Familie Türkisch und Deutsch.

Ich habe eine Schwester. Ihr Deutsch ist schlechter als ihr Türkisch. Ihre Sprache ist halb Deutsch, halb Türkisch. Ich nenne sie «Tarzanisch».
Unsere Muttersprache wurde Tarzanisch.

Sabi Pannella spricht in der Familie Schweizerdeutsch.

Ich spreche meine Sprache, auch wenn ich im Ausland bin. Für manche wird es seltsam klingen, aber im Ausland versteht es ja niemand. Ich kann fluchen, etwas erzählen, und keiner versteht es. Das ist gut so und manchmal ganz praktisch. Hochdeutsch spreche ich nur, wenn die andern mich verstehen sollten.
Manchmal will ich, dass mich niemand versteht. Und wenn jemand meine Sprache erkennt, spreche ich eine Sprache, die ich selber erfunden habe.

2. Welche Aussage passt zu welchem Text?
Lies die Texte noch einmal und notier die Namen der Jugendlichen.
Zwei Aussagen kommen in den Texten nicht vor.

1. Die Muttersprache ist wichtig für die Verständigung in der Familie.
2. In der Familie versteht man sich, auch wenn man die Sprache nicht perfekt kann.
3. Manche Jugendliche gehen in einen Kurs, um die Sprache ihrer Familie zu lernen oder zu verbessern.
4. Die Muttersprache ist ein grosser Reichtum.
5. Vielen Jugendlichen ist ihre Sprache lieber als Deutsch oder Schweizerdeutsch, obwohl sie hier geboren sind.
6. Viele Jugendliche sprechen eine Mischsprache aus ihrer Muttersprache und Deutsch.
7. Ein Mensch kann nur eine Muttersprache haben.
8. Manchmal ist es praktisch, eine Sprache zu sprechen, die die Leute rundherum nicht verstehen.
9. Eltern und Kinder verstehen sich, auch wenn sie wütend sind.
10. Wer seine Muttersprache gut kann, lernt eine neue Sprache leichter.

3. Welche Aussagen aus der Aufgabe 1 treffen für dich zu, welche nicht?
Mit welchen Aussagen bist du einverstanden?
Mit welchen nicht?
Vergleicht eure Meinungen.

4. Lies die folgenden Behauptungen und kreuz an, was für dich stimmt.

	Das stimmt für mich.	Das stimmt für mich nicht.
1. Deutsch kann ich in meiner Heimat nicht brauchen.	☐	☐
2. Ich spreche ausser meiner Muttersprache und Deutsch noch eine andere Sprache fliessend.	☐	☐
3. In meiner Heimat wird in der Schule nicht in meiner Muttersprache unterrichtet.	☐	☐
4. In meiner Heimat sprechen die meisten Menschen nur ihre Muttersprache.	☐	☐
5. Mein Vater und meine Mutter haben nicht die gleiche Muttersprache.	☐	☐
6. In der Familie sprechen wir nur in einer Sprache.	☐	☐
7. Meine Mutter kann Deutsch.	☐	☐
8. Mein Vater kann Deutsch.	☐	☐
9. Meine Eltern wollen nicht, dass ich zu Hause mit ihnen Deutsch spreche.	☐	☐
10. Ich würde mit meinen Kindern meine Muttersprache sprechen.	☐	☐

5. Schreibt die zehn Sätze aus der 3. Aufgabe auf grosse Blätter.
Notiert dazu eure Meinungen und hängt die Blätter im Schulzimmer auf.

6. Bearbeite im Grammatik- und Übungsbuch:
Lerntechnik: Karten legen – Sätze bauen, Seite 50.

RÜCKBLICK

Schau auf Seite 38.
Welcher Text hat dir in dieser Einheit am besten gefallen?
_____

Zeichne die Gesichtchen: ☺ = gut   😐 = es geht   ☹ = schlecht

Zur Lerntechnik «Wortfamilien» (Seite 53)
Ich weiss, was eine Wortfamilie ist.   ☐ ja   ☐ nein
Diese Lerntechnik finde ich nützlich.   ☐ ja   ☐ nein
Ich habe diese Lerntechnik schon eingesetzt. ☐ ja   ☐ nein

LERNTECHNIK

Wortfamilien

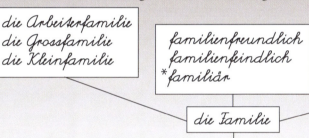

Fa·mi·li·en·be·sitz *der*; das Eigentum e-r Familie (2) ⟨etw. gehört zum, stammt aus, befindet sich in F.⟩: *Das Schloß befindet sich seit Jahrhunderten in F.*
Fa·mi·li·en·be·trieb *der*; ein (*mst* ziemlich kleiner) Betrieb, z. B. ein Restaurant, in dem oft (fast) alle Mitarbeiter zur Familie gehören
fa·mi·li·en·feind·lich *Adj*; ungünstig für Familien (1) ↔ familienfreundlich ⟨e-e Politik; Wohnungen⟩
fa·mi·li·en·freund·lich *Adj*; günstig für Familien (1) ↔ familienfeindlich ⟨ein Gesetz; e-e Politik; ein Restaurant, ein Hotel⟩
Fa·mi·li·en·kreis *der*; *nur Sg, Kollekt*; die Mitglieder, die zu e-r Familie (1) gehören ⟨etw. im (engsten) F. besprechen, feiern⟩
Fa·mi·li·en·na·me *der*; der Name, den man mit seiner Familie (1) gemeinsam hat ≈ Zuname / Nach-

Wörter mit dem gleichen Wortstamm bilden eine Wortfamilie.

1. Such in einem einsprachigen deutschen Wörterbuch unter dem Stichwort «Familie».
   Notier die Ausdrücke, in denen das Wort «Familie» vorkommt.

2. Sicher kennst du schon einige der Ausdrücke, die du notiert hast.
   Andere wirst du noch nicht verstehen. Lies die Erklärung im Wörterbuch.

3. Ordne nun die Ausdrücke und trag sie in ein Schema ein.
   Wörter, die du nicht wichtig findest, kannst du weglassen.

   ```
   die Arbeiterfamilie        familienfreundlich        der Familienname
   die Grossfamilie           familienfeindlich         *der Familiensinn
   die Kleinfamilie           *familiär                 *die Familienverhältnisse
                                                        das Familienmitglied
                                     │
                                die Familie
                                     │
                   So etwas kommt in den besten Familien vor.
                   *Das liegt in der Familie.
   ```

4. Übertrag dieses Schema auf eine grosse Karteikarte.
   Wörter, die du noch nicht kennst, bezeichnest du mit einem Kreuzchen
   und erklärst sie auf der Rückseite der Karteikarte.

   Zum Beispiel so:

   * *familiär*: in bezug auf die Familie, z.B. familiäre Probleme
   * *der Familiensinn*: gerne und oft mit der Familie zusammen sein wollen
   * *die Familienverhältnisse*: die Situation einer Familie
   * *Das liegt in der Familie*: die Eigenschaft kommt in der Familie vor

5. Merk dir die Wörter aus dem Schema.

6. Zeichne jetzt das leere Schema auf ein Notizblatt.
   Leg dann die Karteikarte weg und füll das Schema aus.

7. Kontrollier mit der Karteikarte. Hast du einige Wörter vergessen? Hast du die Wörter
   richtig geschrieben? Merk dir die Schreibweise und lern die Wörter, die du vergessen hast.
   Versuch morgen noch einmal, das Schema auszufüllen.

8. Stell mit anderen Wortfamilien Karteikarten her.
   Zum Beispiel: wohnen, Kind, Mutter, Vater, Sprache, ...

Der blaue Zettel
Krimi von Erik Altorfer – 3. Folge

Wie gewonnen, so zerronnen

«Du, das wird toll!» «Aber wir brauchen unbedingt noch einen Wagen, wo das Ding reinpasst.» «Lass mich nur machen, für Autos habe ich einen Spezialisten, hehe, du weisst, was ich meine, und einen Fahrer habe ich auch.»

Die Knaben trauten ihren Ohren nicht. Sie hatten sich hinter einem Baum versteckt, hörten alles mit, und ab und zu guckte einer von beiden für einen kurzen Moment hervor: Nur wenige Meter von ihnen entfernt sassen die Männer immer noch auf der Bank.

«Das Ding ist mindestens 3 Millionen wert, es wird sicher streng bewacht.» «Kein Problem, lass mich nur machen, wir werden ...» Die Stimmen entfernten sich. Vorsichtig schaute Pedro hinter dem Baum hervor. «Hei, die gehen weg, wir müssen ihnen nach!» «Nänei, nicht mit mir, das sind Riesengauner, und Riesengauner sind bewaffnet.» «Du hast ja Angst, Nermin.» «Sicher nöd, und überhaupt, ich sollte nun wirklich nach Hause ...» «Mach, was du willst, ich geh ihnen nach.» Und schon war Pedro weg. «Ich ein Feigling?» dachte Nermin. «Lieber ein bisschen Ärger mit den Eltern als das verpassen.» Schnell eilte er Pedro hinterher.

Sie versuchten, möglichst unauffällig den Männern nachzugehen, die den Park verliessen. Plötzlich drehte sich einer der beiden um. Er wollte offenbar sicher sein, dass ihnen niemand folgte. Natürlich hätte er nie daran gedacht, dass ausgerechnet die beiden Knaben sie belauscht hatten und ihnen nun auf der Spur waren. Nun gingen die Männer auf einen roten Wagen zu, der auf einem Parkplatz in der Nähe stand. «Schnell, Nermin, hol dein Velo, die entwischen uns.» Der Junge spurtete los, während die zwei ins Auto stiegen. Pedro wartete ungeduldig und liess das Auto nicht aus den Augen. Es dauerte eine Weile, bis der Motor ansprang, und so war das Auto noch nicht weit weg, als Nermin angesaust kam. «Da sind sie, ihnen nach!»

Pedro hüpfte auf den Gepäckträger, und Nermin fuhr, so schnell er konnte. Sie jagten durch die Strasse, während das Auto sich immer weiter entfernte. Dann mussten die Männer aber bei einem Lichtsignal lange warten, so dass die beiden sie wieder einholen konnten.

Nermin keuchte. Als es grün wurde, raste das Auto weg, und bald mussten die Jungen einsehen, dass ihr Fahrrad für eine Verfolgung ungeeignet war. «Scheisse, die sind uns entwischt, alles umsonst.» «Ja schade, aber immerhin habe ich mir die Autonummer gemerkt; so können wir herausfinden, wer sie sind.»

Einheit 4

Seite	56	Ein Wohnhaus
	58	Wer wohnt wo?
	59	Die Wohnungen
	60	Beziehungen im Haus
	61	Probleme im Wohnhaus
	62	Die Hausordnung
	63	Berufsbild: Kaminfeger – Kaminfegerin
	64	Wohnung zu vermieten
	67	Lerntechnik: Lernumgebung
	68	Ich denke
	68	Das Ende
	70	Der blaue Zettel – Die grosse Schwester hilft

Das kann ich …

- Ich kann einen Ortsplan zeichnen.
- Ich kann einen Wohnungsgrundriss zeichnen.
- Ich kann ein Zimmer beschreiben.
- Ich kann einen Bewerbungsbrief schreiben.
- Ich kann ein Bewerbungsformular ausfüllen.

Das verstehe ich …

- Ich verstehe die Grafiken auf Seite 58.
- Ich verstehe die Zeitungsinserate auf Seite 64.
- Ich verstehe das Berufsbild auf Seite 63.
- Ich verstehe das Gedicht von Hans Manz auf Seite 68.

Das weiss ich …

- Ich weiss, was eine Hausordnung ist.
- Ich weiss, wie man höflich reklamieren kann.
- Ich weiss, wie ich meine Lernumgebung optimal einrichten kann.

Ein Wohnhaus

In dieser Einheit entsteht ein Wohnhaus – ein Wohnhaus der Phantasie! Das Wohnhaus gestaltet ihr gemeinsam. Ihr bestimmt, wo das Haus steht, wie es aussieht, wer darin wohnt, wer mit wem Kontakt hat. Nach und nach wird Leben ins Haus kommen. Es entstehen lustige Geschichten, fürchterliche Sachen, komische Situationen – alles nach eurer Phantasie!

Was wir euch noch sagen können, ist folgendes:
- Das Haus steht irgendwo in der Schweiz.
- Das Haus hat vier Stockwerke mit insgesamt 12 Wohnungen.
- Es leben darin 26 Personen im Alter zwischen 4 Monaten und 85 Jahren.
- 17 Personen haben einen Schweizer Pass und 9 Personen haben eine andere Nationalität.
- Im Haus hat es auch 1 Hund, 3 Katzen und 6 andere Haustiere.

So, nun kann das Spiel beginnen.
Lest die Anweisungen auf der nächsten Seite.

sechsundfünfzig

Legt die genaue Adresse des Hauses fest. Zeichnet einen Ortsplan mit dem Haus, mit den umliegenden Gebäuden, Strassen, Bergen und was euch sonst noch alles einfällt. Legt den Besitzer oder die Besitzerin des Hauses fest. Es könnte einer Versicherungsgesellschaft, einer Privatperson oder der Gemeinde gehören. Beschreibt auch die Person, die dieses Haus verwaltet.

Wer wohnt wo?

1. Schau die Grafiken an und erklär die Begriffe.

Haushalte in der Schweiz 1960–1990 (Volkszählung 1990)

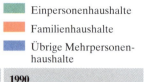

Die Grafik zeigt unter anderem, dass 1960 14,2 % der Haushalte Einpersonenhaushalte waren. Das heisst, 1960 lebte in jedem 7. Haushalt eine Person allein. 1990 ist schon jeder dritte Haushalt ein Einpersonenhaushalt. Auch in den Familienhaushalten und in den übrigen Mehrpersonenhaushalten hat es Veränderungen gegeben.

2. Schreib einen Text zu den folgenden Fragen.

Was denkst du von der oben beschriebenen Entwicklung?
Was könnte eine mögliche Erklärung sein?
Kennst du Menschen, die allein wohnen?
Weisst du, warum sie allein wohnen?
Wohnen in deiner Heimat auch viele Menschen allein?
Falls es anders ist, wie erklärst du den Unterschied?

3. Im Wohnhaus hat es 12 Wohnungen und 26 Personen. Schaut die Tabelle an und übertragt sie auf ein grosses Blatt. Entscheidet gemeinsam, was für Personen im Haus wohnen, wie sie heissen und wie alt sie sind. Notiert auch, wer ein Haustier hat und wie viel die Miete kostet.

	2-Zimmer-Wohnungen	1-Zimmer-Wohnungen	4-Zimmer-Wohnungen
3. Stock	1 Person Gerda Petrowa (85) mit Katze Lulu Miete: Fr.	2 Personen	5 Personen
2. Stock	2 Personen	1 Person	3 Personen
1. Stock	3 Personen	1 Person	4 Personen
Parterre	2 Personen	1 Person	1 Person

4. Beschreibt die Personen im Haus genauer und klebt die Beschreibung in die Tabelle.

Zum Beispiel:
Im vierten Stock links wohnt die 85-jährige Rentnerin Frau Gerda Petrowa. Sie war früher Opernsängerin und liebt Opernmusik sehr. Ihre Katze heisst Lulu, und sie geht jeden Morgen mit Frau Petrowa eine Stunde spazieren.

5. Bearbeite im Grammatik- und Übungsbuch: I Verben mit Präpositionalobjekt (1), Seite 53; Lerntechnik: Verben mit Präpositionalobjekt, Seite 58.

Die Wohnungen

Das ist der Grundriss des Hauses mit den Wohnungen.

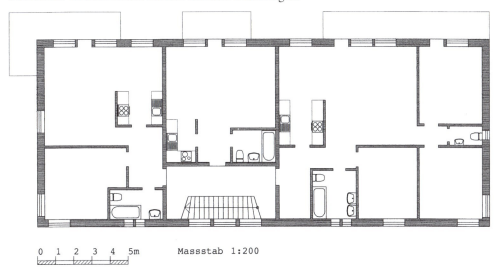

0 1 2 3 4 5m   Massstab 1:200

1. Ihr habt bestimmt, welche Personen in welcher Wohnung wohnen.
Entscheidet, wer von euch welche Wohnung einrichtet.

2. Zeichnet den Grundriss der Wohnung, die ihr einrichtet, auf ein grosses Blatt.
Schreibt die Räume an (Küche, Wohnzimmer, Schlafzimmer von …, WC/Bad, Korridor usw.).
Schneidet danach aus farbigem Papier die Grundrisse von Möbeln aus und schreibt sie an.
Klebt sie in die verschiedenen Zimmer.

3. Wählt ein Zimmer aus und beschreibt es genau. Der Grundriss enthält schon viele Informationen.
Aber man kann zum Beispiel nicht wissen, welche Farbe die Tapete hat, ob Bilder an den Wänden
hängen usw. Versucht nun ein Zimmer so zu beschreiben, dass die Leserin oder der Leser es sich
ganz genau vorstellen kann.

Diese Ausdrücke können euch bei der Beschreibung helfen:

Wo sind die Möbel?	auf dem Boden / vor dem oder neben dem Fenster
Wie ist das Zimmer?	gross – klein / modern – altmodisch / hell – düster / aufgeräumt – unordentlich / ungemütlich – gemütlich / sauber – schmutzig
Wo sind die Gegenstände?	z.B. auf / unter / in / über / vor / hinter / neben dem Schrank rechts von / links von / neben / nahe bei / in der Ecke
Aus welchen Materialien sind die Möbel?	aus Holz / aus Glas / aus Kunststoff / aus Eisen
Wie sind die Gegenstände und Möbel?	neu – alt / antik – modern / einfach – luxuriös / klobig – elegant
Wie ist die Form der Gegenstände und Möbel?	rund / oval / viereckig / rechteckig / lang / breit / hoch

4. Hängt den Grundriss und die Beschreibung des Zimmers neben der Ansicht des Hauses auf.

Beziehungen im Haus

In einem Haus gibt es ganz unterschiedliche Beziehungen.
Gewisse Leute mögen sich, andere finden sich gar nicht sympathisch.
Manchmal sind Sympathien und Antipathien auch nicht gegenseitig.
Es gibt Menschen, die niemanden kennen.
Oder andere, die viel wissen über ihre Nachbarinnen und Nachbarn.

1. Wähl einige Personen aus und schreib auf, wie ihre Beziehungen sind.

Beispiele:
Herr Chhim mag Herrn Eastwood nicht besonders.
Er hat sogar Angst vor ihm, weil er manchmal reklamiert und immer
auf die Hausordnung hinweist.

Herr Eastwood findet Herrn Chhim rücksichtslos, weil er beim Kochen
das Fenster offen lässt und dann die ganze Wohnung von Eastwoods
nach Herrn Chhims Essen riecht. Mit den andern Leuten im Haus spricht
er nicht über Herrn Chhim.

Frau Petrowa findet Herrn Chhim sehr sympathisch. Obwohl sie
Frühlingsrollen nicht mag, besucht sie ihn immer auf dem Markt, wo er
einen Stand hat und Frühlingsrollen verkauft. Sie sagt zu Frau Keel:
«Herr Chhim ist wirklich ein Goldschatz. Wissen Sie, wenn ich jünger wäre …»

2. Lest einander eure Texte über die Beziehungen vor.

3. Stellt ein Soziogramm her.
Zeichnet auf ein grosses Blatt einen Kreis (Durchmesser ca. 60 cm).
Zeichnet auf dem Kreis für jede Bewohnerin und jeden Bewohner
einen Punkt ein und notiert die Namen.
Verwendet drei Farben für die verschiedene Art von Beziehungen:
Grün für gute Beziehungen,
Rot für schlechte Beziehungen
und Blau für neutrale Beziehungen.
Die Pfeile geben an,
ob die Art der Beziehung
gegenseitig ist oder
ob nur die eine Person
die andere so sieht.

Beispiel:

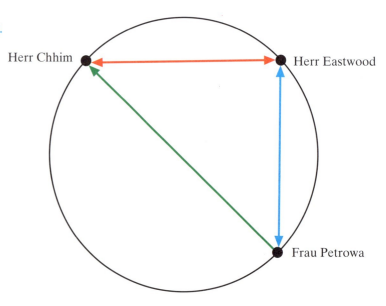

4. Bearbeite im Grammatik- und Übungsbuch: II Partizip 1 als Adjektiv, Seite 59.

Probleme im Wohnhaus

Manchmal gibt es aussergewöhnliche Ereignisse,
die den Alltag im Haus unterbrechen.
Die Bewohnerinnen und Bewohner sprechen darüber.
Auch sonst wird viel über andere geredet.
Vermutungen werden aufgestellt, wer was gesagt
haben könnte und warum.

1. **Lest die folgenden Situationen und überlegt, welche Personen aus eurem Haus betroffen sein könnten.**

– Eine ältere Frau erhält in der Nacht Telefonanrufe von einem Unbekannten.

– An die Hauswand neben der Haustür wurde in der Nacht gesprayt, und erst noch seitenverkehrt geschrieben! Die Hausverwaltung hat alle Mieterinnen und Mieter gefragt, ob sie etwas beobachtet hätten.

– Ein Paar bekommt ein Kind. Da die Wohnung klein ist, möchte es mit einer alleinstehenden Person, die in einer grösseren Wohnung lebt, tauschen.

– Eine Bewohnerin oder ein Bewohner ist gestorben.

– Im Keller wurden mehrere Kellerabteile aufgebrochen, und es wurden verschiedene Sachen gestohlen.

– Ein Mädchen hört am Abend immer ganz laut Musik.
Einige Nachbarinnen und Nachbarn fühlen sich gestört.

– Eine Mieterin oder ein Mieter möchte anstelle des Veloraums eine Werkstatt einrichten.
Sie oder er würde den Umbau selber übernehmen.
Ein Unterstand für die Velos könnte vor dem Haus eingerichtet werden.

– Eine Mieterin oder ein Mieter spielt Trompete und übt täglich eine Stunde.
Einigen Personen gefällt das gar nicht. Sie reklamieren bei der Verwaltung.

– Vor der Tür schläft jede Nacht ein Obdachloser. Das gefällt den Mietern und Mieterinnen nicht.

2. **Wählt ein Thema aus der 1. Aufgabe. Spielt Szenen, in denen verschiedene Bewohnerinnen und Bewohner über das Problem sprechen. Entscheidet, wie das Problem schliesslich gelöst wird.**

3. **Einige Personen beschliessen, der Verwaltung einen Brief zu schreiben.
Wähl eine Situation und schreib den Brief.**

Beispiel:

> *Burgdorf, 27. April ....*
>
> *Sehr geehrte Damen und Herren*
> *Die Tochter der Familie Hofer, die im Stock unter uns wohnt, hört jeden Abend sehr laute Musik.*
> *Sie öffnet die Wohnungstür nicht, wenn wir klingeln. Erst kurz bevor ihre Eltern von der Arbeit kommen, hört der Lärm auf. Wir haben schon mit den Eltern gesprochen, aber es nützt nichts.*
>
> *Wir bitten Sie, etwas zu unternehmen. Der Lärm stört uns sehr, besonders, wenn wir in Ruhe essen wollen.*
>
> *Mit freundlichen Grüssen*
> *Herr und Frau Pozzi*

4. **Lest einander die Briefe vor und besprecht, was die Verwaltung unternehmen könnte.**

5. **Bearbeite im Grammatik- und Übungsbuch: III Adverbien des Ortes, Seite 60.**

Die Hausordnung

Rücksichtnahme
Der Mieter oder die Mieterin muss auf die übrigen Hausbenützer und Hausbenützerinnen Rücksicht nehmen.

Störungen wie übermässiger Lärm, Erschütterungen, Geruch usw. sind verboten.

Von 22.00 bis 06.00 Uhr soll absolute Ruhe herrschen. Das Laufenlassen von Geschirrspülern, Waschmaschinen und Tumblern ist in dieser Zeit verboten. Die polizeilichen Lärmvorschriften sind einzuhalten.

Verletzen der Mieter oder die Mieterin, deren Familie oder Gäste mehrfach diese Regel, muss die Verwaltung sie schriftlich mahnen. Verbessert sich die Situation nicht, kann die Verwaltung mit einer Frist von 30 Tagen auf Ende eines Monats kündigen.

Die Erteilung von Musikunterricht in den Mieträumen ist untersagt.

Ohne eine andere Abmachung darf der Mieter oder die Mieterin oder deren Angehörige nicht mehr als eine Stunde pro Tag, aber nicht in der Zeit von 12.00 bis 14.00 Uhr und von 20.00 bis 07.00 Uhr, musizieren.

Reinigung
Die Mieterinnen und Mieter wechseln im Turnus mit der Reinigung des Treppenhauses ab. Das Treppenhaus muss einmal wöchentlich gereinigt werden.

1. Lies die nebenstehenden Sätze über die Hausordnung. Kreuz an, ob die Aussagen stimmen oder nicht.

	stimmt	stimmt nicht
1. Nach 22 Uhr darf man keine Waschmachine laufen lassen.	☐	☐
2. Von 14 bis 20 Uhr darf der Mieter oder die Mieterin im Haus Musikunterricht erteilen.	☐	☐
3. Von 7.30 bis 8.00 Uhr darf die Tochter einer Mieterin Klavier üben.	☐	☐
4. Alle Mieter und Mieterinnen müssen wöchentlich das Treppenhaus reinigen.	☐	☐
5. Die Verwaltung kann einem Mieter oder einer Mieterin kündigen, wenn sie sich nicht an die Regeln halten.	☐	☐

2. Im Haus geschehen Sachen, die gegen die Hausordnung verstossen. Überlegt, was passiert, und schreibt es auf einen Zettel.

Zum Beispiel:
Frau Petrowa kann oft nachts nicht schlafen. Sie hört dann Opern. Leider ist sie schwerhörig und stellt die Lautstärke zu hoch ein.

Herr Chhim verkauft Frühlingsrollen an einem Stand auf dem Markt. Am Dienstag- und Freitagmorgen fritiert er die Frühlingsrollen in seiner Küche und kocht dazu eine Sosse, die einen starken Geruch verbreitet.

3. Legt alle Zettel auf einen Tisch. Sucht nun zu zweit einen Zettel aus und überlegt, wie das Problem zu lösen ist.

– Wer spricht mit der Person, die gegen die Hausordnung verstösst?
– Wie kann die Person angesprochen werden?
– Wie reagiert die Person?
– Welche Lösungen kann man vorschlagen?
– Was passiert, wenn die Person ihr Verhalten nicht ändert?

4. Zwei Personen spielen ein Gespräch. Die andern Schülerinnen und Schüler schauen zu. Sie sagen euch nachher ihre Meinung zum Gesprächsverlauf.

– Wie haben sich die Personen verhalten?
– Was haben sie passend gesagt?
– Was hätten sie anders sagen sollen?

Auch die Personen, die das Gespräch gespielt haben, sagen ihre Meinung.

5. Fass das Gespräch schriftlich zusammen und häng nachher deinen Bericht zu den andern Unterlagen.

6. Bearbeite im Grammatik- und Übungsbuch: IV Satzbau (4): Das Satzbaumodell, Seite 64.

Berufsbild: Kaminfeger / Kaminfegerin

Berufsbeschreibung

Kaminfeger und Kaminfegerinnen kontrollieren und reinigen Feuerungs-, Kamin- und Heizkesselanlagen. Die saubere und richtig funktionierende Anlage hat eine längere Lebensdauer, verbraucht weniger Brennstoff und hilft, die Luft reinzuhalten.

Kaminfeger und Kaminfegerinnen suchen die Kundschaft regelmässig auf. Der Arbeitsplatz ist fast immer ungeheizt im Heizungsraum, auf dem Estrich, im Treppenhaus oder auf dem Dach.

Sie arbeiten mit verschiedenen Hilfsmitteln: Reinigungswerkzeuge und -geräte für die Kamine, Staubsauger, Hochdruckgeräte und umweltverträgliche chemische Reinigungsmittel.

Für die Abgaskontrollen an Gas- und Ölfeuerungen brauchen sie spezielle Messcomputer.

Für jedes Gebäude muss eine amtliche Kaminfeuerkontrolle geführt werden. Dafür wird ein Heft angelegt mit den wichtigsten Angaben. Mit Hilfe dieser Kontrolle stellen sich Kaminfeger und Kaminfegerinnen ihren Arbeitsweg zusammen. Sie informieren die Bewohnerinnen und Bewohner eines Hauses vorher über den Besuch.

Kaminfeger und Kaminfegerinnen bestimmen ihre Arbeit selbstständig. Nach der Reinigung setzen sie die Anlage wieder in Betrieb und kontrollieren die Funktion. Bei Schäden, die sie nicht selber reparieren können, erstellen sie einen Rapport nach feuerpolizeilichen Vorschriften.

Berufsanforderungen

- gute Gesundheit und Schwindelfreiheit
- technisches Verständnis
- praktische Begabung
- Ehrlichkeit, Zuverlässigkeit und Höflichkeit

Berufsausbildung

- Dauer der Lehre: 3 Jahre
- praktische Ausbildung bei einem Kaminfegermeister oder einer Kaminfegermeisterin
- obligatorische Einführungskurse
- theoretische Ausbildung an der Berufsschule (1 Tag pro Woche) mit den Fächern: Berufskunde und Fachrechnen, Fachzeichnen, Baustoffe, Brandschutzvorschriften, Deutsch, Geschäftskunde, Staats- und Wirtschaftskunde, Turnen und Sport
- Die bestandene Lehrabschlussprüfung gibt Anrecht auf das eidgenössische Fähigkeitszeugnis «Gelernter Kaminfeger oder gelernte Kaminfegerin».

Verwandte Berufe

- Feuerungskontrolleur/ Feuerungskontrolleurin

Vorbildung/Aufnahmebedingungen

- abgeschlossene obligatorische Schule

Weiterbildung/Spezialisierung/Aufstieg

- Aufstieg zum Vorarbeiter oder zur Vorarbeiterin
- Nach 5 Jahren Berufserfahrung und vorbereitenden Fachkursen kann die eidgenössische höhere Fachprüfung absolviert werden. Das Diplom Kaminfegermeister oder Kaminfegermeisterin ist für die Führung eines eigenen Betriebs und für die Ausbildung von Lehrlingen und Lehrtöchtern notwendig.

Arbeits- und Berufsverhältnisse

- Das Kaminfegergewerbe gehört zu den wenigen konzessionierten Gewerben, das heisst, kantonale Gesetze und Verordnungen regeln seine Pflichten und Rechte.
- 5-Tage-Woche
- Der Beruf ist kaum wirtschaftlichen Schwankungen unterworfen.

Weitere Informationen

Schweizerischer Kaminfegermeister-Verband
Renggerstrasse 44
5000 Aarau
Telefon 062/824 44 56

---

1. Lies das Berufsbild.

2. Überleg: Welcher Kollegin oder welchem Bekannten könntest du diesen Beruf empfehlen? Warum?

3. Welche Berufe interessieren dich? Frag deine Lehrerin oder deinen Lehrer nach den Berufsbildern oder hol sie im Berufsinformationszentrum.

4

Wohnung zu vermieten

Im Haus wird die Wohnung Nummer 4 frei.
Die Leute im Haus erfahren, dass die Wohnung frei wird
und suchen nach einer möglichen Begründung.
Die Verwaltung gibt in der Lokalzeitung ein Inserat auf,
um eine neue Mieterin oder einen neuen Mieter zu finden.

GROSSZÜGIGE 4½-ZR.-WOHN. IN DÜBENDORF. In neuerer, kleiner und kinderfreundlicher Überbauung, sehr ruhig, an Sackgasse, in unmittelbarer Nähe von Schulen und Kindergarten, 10 Min. ab S-Bahn Stettbach, direkt an Naherholungsgebiet gelegen. Grosser Balkon, Bad mit Du., sep. WC, Wohnküche mit GK und GS, Reduit. Keine Haustiere. **Per 1. 10. 95, Fr. 1995.–** exkl., Fr. 137.– NK, Tiefgaragen-Pl. zu Fr. 130.–. **Diese Wohnung wird Ihnen gefallen! Tel. (01) 822 02 48.** LA231

Zu vermieten in Kilchberg, ab 1. Oktober 1995 an zentraler Lage
3-Zimmer-Wohnung
mit grossem Balkon und schöner Seesicht, an berufstätiges Ehepaar (Nichtraucher), mit Einzelgarage und Abstellplatz. Offerten bitte an Chiffre LA215 Tages-Anzeiger, 8021 Zürich.

Zu vermieten im Zentrum Volketswil grosse, neu renovierte **4½-Zimmer-Wohnung** mit UN-Garage und NK. Miete Fr. 1960.– per sofort. Schulen, Einkauf, Verkehr, sehr gut! Anfragen an Chiffre ZC333 Tages-Anzeiger, 8021 Zürich.

Per 1.12./früher schöne, originelle **3½-Zr.-Wohnung** 83 m² mit Cheminée und Wohnküche im Herzen von **Zollikon.** Nahe Bus, Bahn und Einkaufen. MZ Fr. 1995.– exkl. NK. evtl. m. Hauswartung, Tel. (01) 391 69 91. BR459

Miete Wohnungen Einfamilienhäuser

KR. 12, Luegislandstr. Grosse, helle **2½-Zr.-Wohn.** (43 m²), mit grossem Balkon (9 m²), Fr. 1500.– inkl., per 1. Nov. 95. Telefonbeantworter: 322 69 89. OR550

Stadt Zürich

MITBEWOHNER/IN Zürich-Wipkingen. Per sofort an sonniger, ruhiger Wohnlage in 3-Zimmer-Wohnung. Alles neu renoviert, mit GS, GK-Herd, 2 Balkone, Parkett. Ideale Verkehrslage. Miete Fr. 900.–. Tel. G. (034) 61 12 28, P. (01) 273 17 38 (ab So-Abend). KX610

Zu vermieten in **Wallisellen.** Per 1. Okt. oder nach Vereinbarung, grosse umgebaute **2-Zimmer Wohnung** im 1. OG. Balkon, Teppichböden, moderne Küche u. Bad. MZ inkl. 1375 Fr. mtl. Kurze, schriftliche Bewerbung an: W. Frehner, Alpenstr. 2, 8304 Wallisellen. BQ852

Zu vermieten
2-Zimmer-Neubauwohnungen
an der Ringstrasse 24A, 8306 Brüttisellen.
Ausbaustandard für Eigentumswohnungen.
MZ ab 1390.– exkl. NK.
Interessenten – keine Ausländer – melden sich bitte zu Bürozeiten unter Tel. (073) 22 18 44. UL614

Zu vermieten:
per sofort in **Freienbach** 3-Zimmer-Wohnung, mit Balkon, Fr. 1255.– inkl. NK.
per 1. Sept. in **Bilten** 3½-Zimmer-Wohnung, mit Holz-Essküche, Cheminée, Riesenbalkon, ruhige Lage, S-Bahnhof, **Tierli willkommen,** Fr. 1580.– inkl. NK.
Tel. (01) 954 22 54, Fax 955 00 77. PT866

1. Such eine Begründung, weshalb die Wohnung Nummer 4 frei werden könnte, und notier deine Begründung auf einen Zettel.

Beispiel:
Vielleicht erwartet Frau Oberholzer ein Kind.
Mit vier Kindern ist die Wohnung einfach zu klein.

2. Lest einander die Begründungen vor und entscheidet, welche Begründung für euer Haus stimmt.

**3. Auf das Inserat der Verwaltung melden sich verschiedene Interessierte.
Einige rufen die Verwaltung an, andere schreiben einen Bewerbungsbrief.
Überlegt, was die Verwaltung und die Interessierten für Fragen stellen.
Spielt zu zweit verschiedene Gespräche am Telefon.
Am Ende des Gesprächs gibt die Verwaltung den Besichtigungstermin bekannt.**

Beispiel:
Sie können die Wohnung am Freitag von 17 bis 19 Uhr besichtigen.

Die anderen Schülerinnen und Schüler schauen zu
und sagen ihre Meinung zum Gesprächsverlauf.

4. Einige Interessierte schreiben einen Bewerbungsbrief.
Die Verwaltung schreibt ihnen, wann sie die Wohnung besichtigen können.
Schreib einen Bewerbungsbrief.

Beispiel:

> *Magdalena Fuentes*
> *Charles Dupont*
> *Bergstrasse 4*
> *8953 Dietikon*   *15. Januar ....*
>
> *An die Verwaltung Nord-Süd*
> *Fridaustrasse 3*
> *8003 Zürich*
>
> **4-Zimmer-Wohnung zu vermieten per 1.4. ....**
>
> *Sehr geehrte Damen und Herren*
>
> *Ich bin Coiffeuse (24) und arbeite seit mehreren Jahren im Salon Schnell in Zürich. Weil ich in Dietikon wohne, habe ich einen langen Arbeitsweg und suche deshalb eine Wohnung in der Stadt. Mein Partner ist Maler und Tapezierer und hat ein eigenes Geschäft.*
>
> *Wir möchten uns zusammen für die Wohnung bewerben und würden sie gern besichtigen.*
>
> *Mit freundlichen Grüssen*
>
> *Magdalena Fuentes*   *Charles Dupont*

5. Lest einander die Bewerbungsbriefe vor und diskutiert,
wer eine Chance hat, die Wohnung zu bekommen.

6. Wer die Wohnung besichtigt hat und sich noch immer dafür interessiert, muss auf einem Formular nähere Informationen über sich geben.
Stellt solche Formulare her und füllt sie mit den Angaben der Bewerberinnen und Bewerber aus.

Beispiel:

```
Name:
Vorname:
Alter:
Zivilstand:
Nationalität:
Heimatort:
Beruf:
Arbeitgeber:

Darf der Arbeitgeber befragt werden?
☐ ja      ☐ nein

Dauer des Arbeitsverhältnisses:
monatliches Einkommen:

Angaben zu Mitbewohnerinnen und
Mitbewohnern:


Haustiere:

Referenzen:
```

7. Lest einander die ausgefüllten Formulare vor.
Diskutiert aus Sicht der Verwaltung, welche Bewerbung berücksichtigt wird.
Schreibt eine Begründung auf ein Blatt.
Hängt die Formulare und die Begründung zu den anderen Unterlagen.

8. Bearbeite im Grammatik- und Übungsbuch:
V Relativsatz (1), Seite 67.

LERNTECHNIK

Lernumgebung

Beim Lernen spielt deine Umgebung eine wichtige Rolle.
Jeder Mensch hat andere Bedürfnisse.
Die einen stört es zum Beispiel, wenn beim Lernen in ihrer Nähe gesprochen wird.
Anderen macht das gar nichts aus.
Mit Hilfe des folgenden Fragebogens kannst du feststellen,
welche Lernumgebung für dich geeignet ist.
Füll den Fragebogen aus und überleg, ob deine jetzige Lernumgebung richtig ist für dich.

1. Zu Hause habe ich ... ja nein
    1. einen festen Platz, wo ich jeweils meine Aufgaben mache. ☐ ☐
    2. ein Zimmer, wo ich ungestört arbeiten kann. ☐ ☐
    3. einen Schrank für meine Schulsachen. ☐ ☐
    4. keine Möglichkeit, meine Aufgaben zu machen. ☐ ☐

2. Damit ich ungestört arbeiten kann, erledige ich meine Aufgaben ...
    1. nach dem Unterricht im Schulzimmer. ☐ ☐
    2. in einem andern Raum im Schulhaus. ☐ ☐
    3. bei einer Freundin oder einem Freund zu Hause. ☐ ☐
    4. bei einer Nachbarin oder einem Nachbarn. ☐ ☐

3. Es gibt Aufgaben (wie zum Beispiel Wörter lernen), die ich gern erledige ...
    1. bei einem Spaziergang. ☐ ☐
    2. auf dem Schulweg. ☐ ☐
    3. liegend auf meinem Bett. ☐ ☐
    4. auf dem Boden liegend. ☐ ☐

4. Beim Lernen stört es mich, wenn ...
    1. der Fernseher läuft. ☐ ☐
    2. Musik läuft. ☐ ☐
    3. andere Leute im Raum reden. ☐ ☐
    4. andere Leute im Raum sind. ☐ ☐

5. Beim Lernen ...
    1. bin ich gern allein. ☐ ☐
    2. habe ich es gern, wenn neben mir noch jemand lernt. ☐ ☐
    3. habe ich es gern, wenn eine Person in der Nähe ist, die ich um Hilfe bitten kann. ☐ ☐
    4. habe ich es gern, wenn eine Person in der Nähe ist, die beobachtet, ob ich arbeite. ☐ ☐

6. Vergleich deine Aussagen mit deiner jetzigen Lernumgebung und besprich mit deiner Lehrerin oder deinem Lehrer, was du an deiner Lernumgebung verbessern könntest.

Ich denke

Ich denke
bevor ich aufstehe:

Ich bin ein Mensch
und bin im Bett
und das Bett ist im Zimmer
und das Zimmer ist im Haus
und das Haus ist am Weg
und der Weg ist in der Stadt
und die Stadt ist im Land
und das Land ist auf der Erde.

Und auf der Erde ist ein anderes Land
und im andern Land eine andere Stadt
und in der Stadt ein anderer Weg
und am Weg ein anderes Haus
und im Haus ein anderes Zimmer
und im Zimmer ein anderes Bett
und im andern Bett
ist auch ein Mensch.

Bevor ich aufstehe
denke ich.

Hans Manz

Das Ende

Die Einheit geht zu Ende, und ihr müsst nun ein Ende
für die Geschichte eures Hauses finden.

 1. Schreib auf einen Zettel, was mit dem Haus passieren könnte.

Beispiele:
Das Haus wird renoviert, und alle müssen ausziehen.

Das Haus brennt. Alle Bewohnerinnen und Bewohner überleben.
Sie müssen in einem Hotel wohnen, bis sie eine andere Wohnung finden.

 **2. Legt alle Zettel auf einen Tisch und lest sie.
Entscheidet, welche Idee ihr weiter bearbeiten wollt.**

 **3. Wähl eine Bewohnerin oder einen Bewohner aus und schreib,
wie sie das Ende der Geschichte erlebt.**

Beispiel:
Frau Petrowa berichtet:
Am Sonntagabend sass ich im Wohnzimmer. Plötzlich fing Lulu, meine Katze,
an zu miauen. Ich ging in den Gang. Es roch stark nach Rauch. ...

 **4. Lest einander eure Texte vor.
Hängt sie zu den anderen Unterlagen über das Haus.**

Ihr habt viel gearbeitet. Nehmt euch nochmals Zeit, die verschiedenen Unterlagen über das Haus zu lesen, bevor ihr sie wegräumt.

RÜCKBLICK

Wie hat dir diese Einheit gefallen?
Welche Seite hat dir besonders gefallen? Seite
Welche Seite hat dir gar nicht gefallen? Seite

Schau auf Seite 56 und zeichne die Gesichtchen:

Zur Lerntechnik «Meine Lernumgebung» (Seite 67)
– Was hast du an deiner Lernumgebung zu Hause geändert?
– Was machst du beim Lernen jetzt nicht mehr, was du früher tatest?
– Warum ist deiner Meinung nach die Lernumgebung für das Lernen wichtig?

Der blaue Zettel
Krimi von Erik Altorfer – 4. Folge

Die grosse Schwester hilft

«Ja, mhm, … danke, auf Wiederhören!» «Und, was haben sie gesagt?» fragte Nermin ungeduldig. «Genau wie ich es mir gedacht habe, das Auto ist geklaut!» «Naja, jetzt können wir das Ganze wohl vergessen, wir haben keine Chance herauszufinden, wer die beiden sind und was sie im Schilde führen.» «Nermin, häsch Schiss, gäll?» «N-nein, sicher nicht, ich finde einfach … und überhaupt, so sympathisch waren mir die Typen auch nicht. Pedro, sei mal ehrlich, hast du denn keine Angst gehabt, wie wir sie belauschten und verfolgten, hm?» «Ja natürlich, aber das ist ja auch gerade das Tolle daran. Ich finde das so spannend, das ist ja wie am Fernsehen. Zwei Gauner, die ein Auto geklaut haben, versuchen irgendein krummes Ding zu drehen und wir wissen davon!» «Ja, aber trotzdem. Komm Pedro, wir sprechen mal mit deiner Schwester und sehen, was sie dazu meint. Allein will ich da nicht weitermachen, und wir wissen ja auch nicht wie.»

Fatima war drei Jahre älter als Pedro und machte eine Lehre als Schneiderin. Pedro mochte sie gut, auch wenn sie ihn oft wie einen kleinen Jungen behandelte, sich über ihn lustig machte und so tat, als wüsste sie

alles besser. Aber er wusste, dass er immer zu ihr gehen konnte, wenn er ein Problem hatte. Sie half ihm gern aus der Klemme.

Als die Knaben ihr alles erzählt hatten, musste Fatima lachen: «Ihr seid mir ja zwei Helden; ihr sucht das grosse Abenteuer, spielt James Bond, und wenn es richtig losgeht, macht ihr in die Hosen!» Die drei sassen in Fatimas Zimmer auf dem Bett. Nermin bestaunte die tollen Posters von Musikgruppen an den Wänden. Sie hatten die Türe geschlossen und konnten so in Ruhe sprechen.

«Aber Fatima, das Auto ist geklaut, die Männer sind über alle Berge, wir wissen nichts…» «Das stimmt doch nicht, wir wissen eine ganze Menge. Wir haben den Zettel mit der Nachricht, und ihr habt gehört, was die zwei zusammen besprochen haben. Sie planen, etwas zu klauen. Dieses Etwas muss ziemlich gross sein, denn sie brauchen einen grossen Wagen, wo es reinpasst. Dann, was steht schon wieder auf dem Zettelchen? ‹Operation Kunst›. Hm, es hat also etwas mit Kunst zu tun. Und ihr sagt, ihr wüsstet nichts! Lasst mich mal überlegen …»

Einheit 5

Seite 72 Verschiedene Berufe
74 Ich mache eine Lehre als Elektromonteur
76 Berufsberatung
79 Die Lehre aufgeben?
80 Ich arbeite im Verkauf
81 Rocío wird Dentalassistentin
83 Tipps zur Bewerbung
83 Lerntechnik: Zusammenfassen
84 Lehre oder Anlehre?
84 Weiterbildung
86 Berufsbildung in der Schweiz
88 Der blaue Zettel – Bedroht!

 Das kann ich …

- Ich kann einen Text zusammenfassen.
- Ich kann meinen Lebenslauf schreiben.
- Ich kann eine Bewerbung schreiben.

Das verstehe ich …

- Ich verstehe die Berichte von Dioleta und Natale.
- Ich verstehe die Tipps zur Bewerbung.
- Ich verstehe das Schema zur Berufsbildung in der Schweiz.

Das kenne ich …

- Ich kenne verschiedene Berufe.
- Ich kenne verschiedene Berufsbildungswege.
- Ich kenne den Unterschied zwischen einer Lehre und einer Anlehre.

Das weiss ich …

- Ich weiss, wo ich Informationen zur Berufsbildung bekommen kann.
- Ich weiss, wie man sich für eine Stelle bewirbt.
- Ich weiss, dass meine Muttersprache ein Vorteil sein kann.

Verschiedene Berufe

1. **Schau die Bilder an. Welcher Text gehört zu welchem Bild? Nummerier die Sätze.**

Elektromonteure und Elektromonteurinnen arbeiten in Neu- und Umbauten. Sie installieren oder reparieren elektrische Anlagen, Leitungen und Anschlüsse. Foto Nr.

Pflegeassistenten oder Pflegeassistentinnen (auch Spitalgehilfen und Spitalgehilfinnen genannt) helfen bei der Pflege von Patienten und Patientinnen. Sie erledigen hauswirtschaftliche Arbeiten im Krankenzimmer und auf der Abteilung. Foto Nr.

Maler und Malerinnen malen Räume, Gebäude und Gegenstände. Sie malen auch die Signalisation auf Strassen. Sie wechseln den Arbeitsplatz oft: vom Bau in die Werkstatt, von der Fabrik in Häuser und Wohnungen. Foto Nr.

Verkäufer und Verkäuferinnen beraten und bedienen die Kundschaft. Sie arbeiten oft auch im Lager, nehmen Waren entgegen, prüfen Verfalldaten und machen Bestellungen. Foto Nr.

Automonteure und Automonteurinnen führen den Service an verschiedenen Motorfahrzeugen durch. Alle Arbeiten müssen genau und zuverlässig ausgeführt werden, damit die Fahrzeuge im Verkehr sicher funktionieren. Foto Nr.

Dentalassistentinnen (auch Zahnmedizinassistentinnen oder Zahnarztgehilfinnen genannt) empfangen Patienten und Patientinnen und bereiten sie auf die Behandlung vor. Sie assistieren der Zahnärztin oder dem Zahnarzt und erledigen Arbeiten im Büro. Es ist bis heute fast ausschliesslich ein Frauenberuf. Foto Nr.

Büroangestellte erledigen vor allem die praktischen Arbeiten in einem Büro. Sie arbeiten in den verschiedensten Firmen und Betrieben wie zum Beispiel in Versicherungen, Banken und Handelsfirmen. Foto Nr.

72 zweiundsiebzig

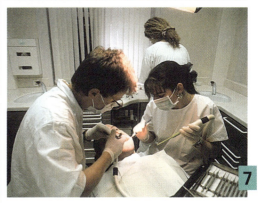

2. Hier sind verschiedene Berufsgruppen aufgelistet.
Ordne die sieben Berufe, die hier vorgestellt werden,
je einer Berufsgruppe zu.
Such zu jeder Berufsgruppe mindestens einen Beruf als Beispiel.

Berufsgruppen

1. Arbeit in der Natur
2. Gastgewerbe und Hauswirtschaft
3. Arbeit im Verkauf
4. Bekleidung, Textilien, Leder
5. Schönheit und Körperpflege
6. Gesundheitswesen
7. Gestaltung und Grafik
8. Chemie, Papier, Kunststoff
9. Bau und Holz
10. Elektrizität und Elektronik
11. Metall und industrielle Produktion
12. Arbeit im Büro
13. Arbeit im Verkehr
14. Sprache, Publizistik, Kunst, Musik
15. Unterricht, Erziehung, Beratung

dreiundsiebzig

Ich mache eine Lehre als Elektromonteur

Ich heisse Gaspar dos Santos und bin zwanzig Jahre alt. Mit dreizehn kam ich in die Schweiz. Zuerst besuchte ich etwa ein Jahr eine Klasse für Fremdsprachige. Nachher kam ich in die 1. Real. In der 2. Real wurde die Berufswahl ein Thema. Der Berufsberater kam in unsere Klasse. Wir bekamen Unterlagen aus dem BIZ, dem Berufsinformationszentrum, in denen verschiedene Berufe vorgestellt wurden. Ausserdem konnten wir uns auch für eine persönliche Beratung beim Berufsberater anmelden. Im Gespräch versuchten der Berufsberater und ich herauszufinden, welche Berufe für mich in Frage kämen. Natürlich spielten dabei auch die Leistungen in der Schule eine Rolle.

Ich bin gut in Geometrie und Algebra. Der Berufsberater empfahl mir, einen gestalterischen Beruf und einen Zeichnerberuf näher anzusehen. Er gab mir eine Adressliste. Zuerst fand ich einen Platz für eine einwöchige Schnupperlehre als Schriftenmaler. Dann machte ich auch noch eine Schnupperlehre als Hochbauzeichner. Für beide Berufe braucht es viel technisches Verständnis. Das gefiel mir zwar, aber mir fehlte die handwerkliche Arbeit.

Ich begann dann, mich über den Beruf des Elektromonteurs zu informieren. Im BIZ fand ich gutes Informationsmaterial. Ein Elektromonteur braucht sowohl technisches Verständnis als auch handwerkliche Begabung. Das heisst, er muss mit komplizierten Plänen umgehen können, und er muss auch gut sein im handwerklichen Arbeiten.

Ich bin ein ruhiger Typ. Das ist für diesen Beruf wichtig. Die Arbeit mit Strom kann sehr gefährlich sein. Man muss immer zuerst überlegen und erst dann handeln. Ausserdem muss man selbstständig etwas planen können, und man muss sich unsichtbare Dinge vorstellen können. Strom sieht man ja nicht! Vom Berufsberater hatte ich wieder eine Liste mit Lehrbetrieben bekommen. Ich fand einen Platz für eine Schnupperlehre als Elektromonteur. Nach einer Woche wusste ich, dass ich diesen Beruf gerne lernen würde. Am liebsten hätte ich gleich mit der Lehre angefangen.

Ich war zwar erst in der 2. Real. Ich hatte aber schon zehn Schuljahre hinter mir. In meinem Land geht man schon mit sechs Jahren in die Schule. Ehrlich gesagt, ich hatte genug von der Schule. Und doch fehlte mir noch einiges, damit ich eine Lehre beginnen konnte. Da hörte ich von der Möglichkeit, eine Vorlehre zu machen. Das geht so: Die Lehre als Elektromonteur dauert vier Jahre. Wer noch nicht genug Kenntnisse für die Lehre hat, kann eine Vorlehre machen. Er oder sie arbeitet ein Jahr in der Firma, wo nachher auch die Lehre gemacht wird. Ausserdem müssen Kurse in der Berufsschule besucht werden.

Ich bewarb mich also bei der Firma, in der ich geschnuppert hatte. Die Firma lud die Bewerberinnen und Bewerber zu einer Prüfung ein. Es wurden verschiedene Fächer geprüft wie Deutsch, Geometrie und Mathematik. Es bewarben sich viel mehr Leute, als es Stellen gab. Ich war deshalb sehr glücklich, als ich einen Platz für die Vorlehre bekam.

Ich bin froh, die Vorlehre gemacht zu haben. Das hat mir im ersten Lehrjahr viel geholfen. Nun bin ich im dritten Lehrjahr. Meine Arbeit gefällt mir, und ich bin mit dem Arbeitsklima in der Firma sehr zufrieden. Der Lehrlingschef hilft den Lehrlingen und Lehrtöchtern, wenn sie in der Berufsschule Probleme haben. Die Firma führt jedes halbe Jahr eine interne Zwischenprüfung durch. So sind wir gut auf die Abschlussprüfung vorbereitet. Ich gehe auch gern in die Berufsschule, und ich habe gute Zeugnisse.

Ich finde, ich habe den richtigen Beruf gewählt.

Berufsschulen des Kantons Zürich

Technische Berufsschule Zürich
Abteilung Elektro/Elektronik

Zeugnis

für **Dos Santos Gaspar**
geboren **20.09.75**
Lehrberuf **Elektromonteur**
Lehrbetrieb **Baumann Koelliker AG**

Dos Santos Gaspar
Pfirsichstr. 4
8006 Zürich

Klasse **EL 5 H**
Rückseite: Notenskala, Abkürzungen, Rechtsmittelbelehrung
Ort/Datum **Zürich, 23.02.95**
Der Rektor

Bemerkungen
Unterschrift Lehrmeister/in
Baumann, Koelliker AG
Nüschelerstr. 32 / Postfach
8021 Zürich ☏ 01/217 37 37

Unterschrift Inhaber/in der elterlichen Gewalt

Pflichtfächer	1. Lehrjahr HE/92	1. Lehrjahr FR/93	2. Lehrjahr HE/93	2. Lehrjahr FR/94	3. Lehrjahr HE/94	3. Lehrjahr FR/95	4. Lehrjahr HE/95	4. Lehrjahr FR/96
Mathematik	4.5	4.5						
Physik			6	5				
Chemie/Werkstoffkunde	4.5	4						
Elektrotechnik	5	5.5	5.5	5.5	5			
Fachzeichnen	5.5	6	5.5	5.5	5.5			
Hausinst.-Vorschriften			5.5	5.5	5.5			
Deutsch	4	5	4.5	4.5	4.5			
Geschäftskunde	5	4.5	4.5	4.5	4			
Staats- und Wirtschaftskunde			5.5	4.5	4			

✏️ **1.** Gaspar ist seit sieben Jahren in der Schweiz.
Notier, was er in dieser Zeit gemacht hat.

1. Jahr	*Klasse für Fremdsprachige*
2. Jahr	
3. Jahr	
4. Jahr	
5. Jahr	
6. Jahr	
7. Jahr	

✏️ **2.** Warum hat Gaspar diesen Beruf gewählt?
Welche Qualitäten muss ein Elektromonteur haben?
Such die Antworten im Text und schreib sie auf.

 ✏️ **3.** Wie stellt ihr euch ein gutes Arbeitsklima vor?
Was bestimmt ein gutes Arbeitsklima?
Macht eine Liste.

Beispiele:
Der Chef sollte den Lehrlingen und Lehrtöchtern helfen, wenn sie in der Berufsschule Probleme haben.
Die Kolleginnen und Kollegen sollten freundlich zueinander sein.

Berufsberatung

Was ist die Berufsberatung?

Die Berufsberatung stellt Jugendlichen und Erwachsenen Informationsmaterial zu verschiedenen Berufen zur Verfügung und berät die Jugendlichen, damit sie sich für einen bestimmten Beruf entscheiden können.

Vermittlung von Information

Die Berufsberatung informiert über:
- Berufsgruppen und einzelne Berufe
- Zwischenlösungen, Ausbildungsgänge, Zusatzausbildungen, Weiterbildungs- und Umschulungsmöglichkeiten
- Lehrmöglichkeiten, öffentliche und private Schulen
- Stipendienmöglichkeiten

Jede Berufsberatungsstelle ist gut dokumentiert mit Berufswahlbüchern, Berufsbildern und Schulprospekten. Sie stehen dir zur Verfügung. Du kannst ohne Anmeldung vorbeigehen und die gewünschten Unterlagen ausleihen oder sie auch telefonisch bestellen. Die Berufsberatung kann dir auch Adressen von Lehrbetrieben vermitteln. Eine freie Lehrstelle musst du aber selber suchen. Auch Betriebsbesichtigungen, Schnupperlehren und Arbeitsmöglichkeiten musst du selber organisieren.

Beratung

Die Beratungsgespräche sind gratis. Du musst dich vorher anmelden und einen Termin abmachen. Ein Beratungsgespräch ist auch nützlich, wenn jemand schon einen Berufswunsch hat. Die Berufsberatung versucht, mit dir gemeinsam deine Begabungen, Neigungen und Fähigkeiten herauszufinden. Dadurch kannst du dich selber besser kennen lernen, um zusammen mit deinen Eltern eine gute Entscheidung zu treffen. Die Berufsberatung kann dir aber die Entscheidung nicht abnehmen, denn

Beratung ist Hilfe zur Selbsthilfe.

Deine aktive Mitarbeit ist wichtig. In Gesprächen und manchmal auch mit Tests versucht die Berufsberatung, mit dir gemeinsam eine Lösung zu finden.

Nach «Berufswahlbroschüre» der Kantonalen Berufsberatung Solothurn

---

Wo findest du in deiner Nähe eine Berufsberatung und ein BIZ (Berufsinformationszentrum)? Nimm dir Zeit, das BIZ zu besuchen. Frag deine Lehrerin oder deinen Lehrer nach der Adresse und der Telefonnummer und informier dich über die Öffnungszeiten.

1. Was bietet die Berufsberatung? Was nicht? Kreuz an!

	stimmt	stimmt nicht
1. Bei der Berufsberatung gibt es Berufswahlbücher mit Informationen über einzelne Berufe.	☐	☐
2. Die Berufsberatung sucht Plätze für Schnupperlehren.	☐	☐
3. Die Berufsberatung hat Adressen von Firmen, die Lehrlinge und Lehrtöchter ausbilden.	☐	☐
4. Die Berufsberatung schreibt Bewerbungen für freie Lehrstellen.	☐	☐
5. Für Beratungsgespräche kann man ohne Voranmeldung vorbeigehen.	☐	☐
6. Die Beratung ist kostenlos.	☐	☐
7. Die Berufsberatung hilft den Jugendlichen, zusammen mit den Eltern eine Entscheidung zu treffen.	☐	☐
8. Die Berufsberatung führt Tests durch, die auf die Abschlussprüfung vorbereiten.	☐	☐
9. Wer schon weiss, welchen Beruf er oder sie lernen will, darf sich nicht zu einem Beratungsgespräch anmelden.	☐	☐
10. Wer mit Hilfe der Berufsberatung eine Lehrstelle gefunden hat, bekommt eine Rechnung.	☐	☐

2. In der Berufswahlbroschüre steht:
«Die Berufsberatung informiert über Zwischenlösungen.»
Erklärt das Wort «Zwischenlösungen».
Was bedeutet es hier?

3. Erklärt den Satz «Beratung ist Hilfe zur Selbsthilfe».

4. Spielt zu zweit ein Gespräch bei der Berufsberatung.
Entscheidet zuerst, wer Berufsberaterin oder Berufsberater ist und wer sich beraten lässt.
Lest die folgenden Formulierungen und spielt Gespräche mit verschiedenen Variationen.

Berufsberater oder Berufsberaterin

- Guten Tag. Mein Name ist …
- Du möchtest dich also über einen möglichen Beruf informieren.
- Hast du dir schon Gedanken darüber gemacht?
- Schauen wir uns einmal gemeinsam deine Interessen und deine Fähigkeiten an.
- Was kannst du denn sehr gut?
- Wofür interessierst du dich besonders?
- Das ist sehr gut.
- Wie wärs mit dem Gärtnerberuf? Hast du Blumen gern?
- Am besten ist es, du machst verschiedene Schnupperlehren.

Jugendlicher oder Jugendliche

- Guten Tag. Ich heisse …
- Ja, ich weiss aber noch nicht so richtig, welchen Beruf ich wählen soll.
- Ich interessiere mich für einen Beruf in der Natur.
- Die Arbeit mit Kindern würde mir auch gefallen.
- Ich habe hier so ein Formular ausgefüllt, vielleicht hilft das.
- Ich kann zum Beispiel sehr gut …
- Mit dem Rechnen habe ich keine Schwierigkeiten.
- Ja, warum nicht?
- Welche Berufe empfehlen Sie mir?

5. In der Berufswahlbroschüre steht:
«Die Berufsberatung versucht, mit dir gemeinsam deine Begabungen, Neigungen und Fähigkeiten herauszufinden.»
Kennst du deine Begabungen und Fähigkeiten?
Füll den folgenden Fragebogen aus.

Was kann ich gut?	nicht gut	es geht	sehr gut
Handfertigkeit: Basteln, Handarbeiten, Reparaturen am Velo	☐	☐	☐
Gedächtnis: Erinnerungsvermögen an Zahlen, Wörter, Texte, Namen, Gesichter	☐	☐	☐
Sprache mündlich: Gelesenes verstehen und darüber diskutieren, anderen etwas erklären, Probleme besprechen	☐	☐	☐
Sprache schriftlich: Texte schreiben, Rechtschreibung, Grammatik	☐	☐	☐
Mathematische Begabung: Umgang mit Zahlen, Rechnen, Algebra, Geometrie, Physik	☐	☐	☐
Technisches Zeichnen: Saubere, exakte Zeichnungen	☐	☐	☐
Zeichnen und Gestalten: Freihandzeichnen, Sinn für schöne, formrichtige Gestaltung beim Zeichnen, Malen, Basteln und Modellieren	☐	☐	☐
Technisches Verständnis: Verständnis für das Funktionieren von Geräten und Apparaten, z. B. Velopumpe, Staubsauger, Töfflimotor, Bügeleisen	☐	☐	☐
Turnen und Sport	☐	☐	☐
Singen und Musizieren	☐	☐	☐

Was ich besonders gut kann und gerne mache:

Die Lehre aufgeben?

1. Hör den Bericht von Dioleta zweimal.

Dioleta Basrami ist mit zwölf Jahren in die Schweiz gekommen. Jetzt ist sie neunzehn und lebt mit ihrem Mann und ihrer kleinen Tochter zusammen in der Stadt. Sie erzählt, warum sie keinen Lehrabschluss gemacht hat.

2. Nummerier die fünfzehn Angaben zu Dioletas Lebenslauf in der richtigen Reihenfolge.

	eine Lehre als Spitalgehilfin beginnen
	verschiedene Schnupperlehren als Verkäuferin machen
1	mit zwölf Jahren in die Schweiz kommen
	schwanger werden
	in der 3. Oberschule für mehrere Gespräche beim Berufsberater sein
	eine Lehre als Malerin beginnen
	eine Tochter bekommen
	die Lehre als Spitalgehilfin abbrechen
	bei der Arbeit Probleme mit den Männern haben
15	nicht arbeiten, solange das Kind klein ist
	eine Schnupperlehre als Schriftenmalerin und als Malerin machen
	die Lehre als Malerin abbrechen
	bei einem Unfall das Kind verlieren
	heiraten
	eine Stelle in einem Pflegeheim bekommen

3. Du hast die Angaben zu Dioletas Lebenslauf geordnet.
Fass ihren Bericht mit Hilfe der Stichwörter aus Aufgabe 2 zusammen.

Dioleta erzählt aus ihrem Leben:
Mit zwölf Jahren kam ich in die Schweiz.
In der dritten Oberschule war ich mehrmals …

4. Hör den Bericht von Dioleta noch einmal.
Welche Berufe haben ihr gefallen? Welche nicht? Warum?

5. Dioleta sagt, dass ein Lehrabschluss sehr wichtig sei.
Sie nennt mehrere Gründe. Welche?

Ich arbeite im Verkauf

Mein Name ist Kadri Ahmeti. Ich kam vor vier Jahren in die Schweiz. Damals war ich fünfzehn. In meinem Land hatte ich die Schule abgeschlossen. Weil man in der Schweiz mit fünfzehn noch die Schule besuchen
5 muss, kam ich in eine Klasse für Fremdsprachige und dann in die Oberschule.

In der 2. Oberschule hatte ich genug von der Schule. Ich mochte zwar meine Lehrerin und meinen Lehrer, aber die Schule interessierte mich nicht mehr.
10 Vielleicht auch deshalb, weil die meisten Schülerinnen und Schüler in meiner Klasse jünger waren als ich. Und ich wollte endlich Geld verdienen. Mein Lehrer erklärte mir, dass ich bessere Berufschancen hätte, wenn ich die Schule abschliessen würde. Aber als ich
15 eine Stelle in einer Coop-Filiale fand, verliess ich die Schule mitten im Schuljahr. Ich hatte in diesem Coop schon in den Ferien gearbeitet, und es hatte mir gut gefallen. Auch meine Eltern sagten, ich solle die Schule nicht aufgeben. Aber schliesslich unterschrieben sie meinen Arbeitsvertrag doch. Sie waren ja froh, dass ich nicht arbeitslos war wie viele andere Jugendliche.

20 Die Arbeit im Verkauf gefällt mir. Es gibt sehr verschiedene Arbeitsbereiche. Manchmal arbeite ich zum Beispiel bei der Warenannahme. Ich muss Produkte auspacken und in die Gestelle einräumen. Vorher muss ich die Verfalldaten der älteren Artikel kontrollieren. Die älteren Artikel müssen in den Gestellen immer vorne stehen. Wenn ein Produkt verfallen ist, muss ich das in einer Liste eintragen. Ende Monat zähle ich die Preise dieser
25 Produkte zusammen. Was ich in der Schule gelernt habe, besonders in Deutsch und Rechnen, kann ich in meinem Beruf gut brauchen.

Der Stellvertreter des Filialleiters hat mich schon gefragt, ob ich nicht noch eine Verkaufslehre machen wolle. Auch meine Mutter fand das eine gute Idee. Ich müsste vorher allerdings noch Kurse in Deutsch und Rechnen besuchen. Ich habe die Schule ja nicht
30 beendet, und da habe ich halt einiges verpasst. Aber wenn ich jetzt noch diese Kurse besuche und dann erst die Lehre beginne, bin ich schon über zwanzig. Ich denke, das ist ein bisschen spät, um eine Lehre anzufangen. Bei Coop gibt es interne Weiterbildungskurse für das Personal. Ich habe schon so einen Kurs in der Zentrale besucht. Das war interessant.

35 Mir gefällt meine Arbeit. Ich weiss natürlich, dass ich mit einem Lehrabschluss bessergestellt wäre. Auch würde ich wieder gern zur Schule gehen. Ich rate allen, so lange wie möglich die Schule zu besuchen. Nicht nur, weil man da mehr Freizeit hat. Die Schulzeit ist kurz, die Arbeit dauert das ganze Leben.

1. Warum hat Kadri die Schule nicht beendet? Notier drei Gründe.

2. Viele Jugendliche überlegen sich, ob sie eine Arbeit suchen sollen, ohne eine Lehre zu machen. Was denkt ihr darüber?

3. Kadri hätte die Möglichkeit, jetzt noch eine Lehre zu beginnen. Was würdet ihr ihm raten? Gibt es eurer Meinung nach ein Alter, in dem es zu spät ist, eine Lehre zu beginnen?

4. Bearbeite im Grammatik- und Übungsbuch:
I Irrealer Bedingungssatz als Nebensatz, Seite 75;
Lerntechnik: Über Irreales sprechen, Seite 80.

Rocío wird Dentalassistentin

1. Hör das Interview mit Rocío Arias zweimal.

2. Rocío hat eine Bewerbung und einen Lebenslauf geschrieben.
Lies die Unterlagen und schreib deinen Lebenslauf.

Rocío Arias
Winkelriedstr. 5   8006 Zürich, 13.1.2003

                               Herr Dr. med. dent.
                               L. Gyarmati
                               Beckenhofstrasse 63
                               8006 Zürich

Bewerbung um Dentalassistentin Lehrstelle

Sehr geehrter Herr Gyarmati

Dem kantonalen Lehrstellennachweis entnehme ich, dass
Sie per Spätsommer 2003 Dentalassistentinnen suchen.
Ich bewerbe mich um eine dieser Lehrstellen.
Zur Zeit besuche ich die 3. Klasse der Realschule.
Meine schulischen Leistungen sind gut, meine Lieblings-
fächer sind Deutsch und Rechnen.
Ich habe bereits eine Schnupperlehre als Dentalassistentin
absolviert. Die Arbeit gefiel mir so gut, dass ich mich für
eine Lehre als Dentalassistentin entschieden habe.
Gerne erwarte ich Ihre Antwort.

                               Mit freundlichen Grüssen
                               Rocío Arias

Beilagen
- Lebenslauf
- Zeugniskopie

◁ Bewerbung von Rocío

Lebenslauf

1. Personalien

Name:	Arias
Vorname:	Rocío
Adresse:	Winkelriedstr. 5
	8006 Zürich
	Tel. 01/363 74 23
Geburtsdatum:	07.10.1987
Heimatort:	Spanien
Eltern:	Ramón und Angéla Arias
Beruf des Vaters:	Betriebsangestellter
Beruf der Mutter:	Reinigungsfrau

2. Schulbildung

1993 - 1999	6 Jahre Primarschule (Spanien)
1999 - 2000	1 Jahr SdE
2000 - 2002	2 Jahre Oberschule
2002 - 2003	1 Jahr Realschule

3. Referenz

Werner Wegmann
Reallehrer
Münstergasse 10   Tel. 01/362 42 47 (Schule)
8001 Zürich   Tel. 01/252 67 90 (privat)

△ Lebenslauf von Rocío

3. Rocío und Dioleta (Seite 79) erzählen, dass sie bei der Arbeit von Männern belästigt wurden.
Was denkst du darüber?
Vergleicht das Verhalten von Dioleta und Rocío.
Was soll man in solchen Situationen unternehmen?
Notiert Verhaltensregeln, die am Arbeitsplatz oder in der Schule gelten.

Tipps zur Bewerbung

Entscheidung und Information

1. Entscheide dich für einen Beruf, bevor du Bewerbungen schreibst. Dazu gehört, dass du dir über deine Berufswünsche im Klaren bist und dass du den Beruf kennst (Betriebsbesichtigung, Schnupperlehre).

2. Erkundige dich zuerst telefonisch, ob die Lehrstelle noch frei ist und in welcher Form du dich bewerben sollst. An den meisten Orten wird eine schriftliche Bewerbung verlangt.

Schriftliche Bewerbung

3. In der schriftlichen Bewerbung erklärst du,
   - wo du die Informationen über die Lehrstelle bekommen hast,
   - warum du dich für den Beruf entschieden hast,
   - welche Schule du besuchst oder zuletzt besucht hast.

   Beilegen musst du
   - einen Lebenslauf und Referenzen
   - eine Kopie des letzten Zeugnisses.

4. Bewirb dich an mehreren Orten. Es ist nicht immer einfach, eine Lehrstelle zu finden.

5. Wenn du keine Antwort erhältst, darfst du nachfragen, bis wann du Bescheid erwarten darfst.

6. Verzweifle nicht bei Absagen. Wenn du eine Absage bekommen hast, darfst du nachfragen warum.

7. Wenn du viele Absagen bekommst, musst du dir überlegen, ob du einen Fehler machst oder ob du für den Beruf nicht geeignet bist. Sprich mit deinem Lehrer oder deiner Lehrerin und such Hilfe bei der Berufsberatung.

Vorstellungsgespräch und Lehrvertrag

8. Überleg dir, was bei einem Vorstellungsgespräch alles gefragt werden könnte. Du musst begründen können, warum dich der Beruf interessiert. Überleg dir auch, was du fragen möchtest, und notier dir einige Stichwörter.

9. Erkundige dich, ob du allein oder mit deinen Eltern zum Vorstellungsgespräch kommen sollst. Sei auf jeden Fall pünktlich!

10. Verlass dich nicht auf mündliche Zusagen. Du brauchst einen schriftlichen Lehrvertrag. Er muss vom Lehrbetrieb, von dir und von deinen Eltern unterschrieben werden. Das kantonale Amt für Berufsbildung muss den Lehrvertrag genehmigen.

Achtung

In vielen Kantonen werden die Lehrstellen erst ab dem 1. November für den August des folgenden Jahres vergeben. Erkundige dich bei der Berufsberatung nach diesem Termin.

1. Lies die Tipps zur Bewerbung. Hör auch das Interview von Rocío noch einmal. Welche Tipps hat sie befolgt? Notier.

LERNTECHNIK

Zusammenfassen

Wenn man einen langen Text liest, kann man sich nachher nicht an alles erinnern. Wichtig ist, dass man sich an das Wesentliche erinnern kann. Dazu hilft es, wenn man den Text zusammenfasst. Eine Zusammenfassung schreiben heisst nicht, einen Text wörtlich nacherzählen. Bei einer Zusammenfassung lässt man alles weg, was die Leserin oder der Leser nicht unbedingt wissen muss.

1. Lies den Bericht von Kadri auf Seite 80 noch einmal und unterstreich alles gelb, was du bei einer Zusammenfassung weglassen könntest.

2. Unterstreich nun alle Informationen grün, die in der Zusammenfassung unbedingt vorkommen müssen.

3. Fass die grün unterstrichenen Informationen zu einem kleinen Text zusammen. Bevor du beginnst, musst du überlegen, aus welcher Sicht du den Text schreiben willst.

   Du kannst aus Kadris Sicht schreiben:
   Ich heisse Kadri. Ich habe die Schule nicht abgeschlossen. Mitten in der 2. Oberschule suchte ich eine Stelle …

   Oder du kannst aus der Sicht einer Erzählerin oder eines Erzählers über Kadri schreiben:
   Kadri ist 19 Jahre alt. Er hat die Schule nicht abgeschlossen. Er arbeitet bei Coop …

4. Mach die gleiche Übung mit einem anderen längeren Text.

Lehre oder Anlehre?

Natale Tisci schliesst im Sommer seine Lehre als Automonteur ab. Am Anfang hatte er grosse Schwierigkeiten in der Lehre. Er überlegte sich, ob er statt der Lehre eine Anlehre machen sollte. Damals konnte man noch zwischen einer zweijährigen Anlehre und einer vierjährigen Lehre wählen. Heute gibt es die Anlehre nicht mehr. Stattdessen gibt es die Berufliche Grundausbildung mit Attest.
Natale erzählt von seinen Schwierigkeiten und was er unternommen hat.

 1. **Hör den Bericht von Natale zweimal.**

 2. **Erklär den Unterschied zwischen einer Lehre und einer Anlehre.**

 3. **Notier die wichtigsten Informationen aus Natales Bericht als Stichwörter.**

 4. **Such einen Partner oder eine Partnerin und fass den Bericht mit Hilfe der Stichwörter mündlich zusammen. Deine Partnerin oder dein Partner überprüft deine Zusammenfassung des Berichts mit Hilfe des Hörtextes auf Seite 134.**

 5. **Bearbeite im Grammatik- und Übungsbuch: II Indirekte Rede (2), Seite 81.**

Weiterbildung

Berrin Demir hat nach der Realschule eine Lehre als Büroangestellte gemacht. Mit ihrem Abschlusszeugnis bekam sie keine Lehrstelle als kaufmännische Angestellte. Berrin hat heute eine gute Stelle als Chef-
5 sekretärin. Sie erzählt, wie sie zu ihrem KV-Abschluss kam.

Ich hatte eine Lehrstelle für eine zweijährige Bürolehre bei einer Bank gefunden. Ich besuchte eineinhalb Tage pro Woche die Berufsschule. Ein Tag war
10 obligatorisch. Ein weiterer halber Tag war freiwillig. Die Berufsberaterin hatte mir gesagt, ich solle unbedingt Französisch als Freifach nehmen. Wer bei der Abschlussprüfung als Büroangestellte gute Noten hat und genügend Französisch kann, hat die Möglich-
15 keit, eine Zusatzlehre zu machen. Die Zusatzlehre dauert nochmals zwei Jahre.

Ich habe mir lange überlegt, ob ich diese Zusatzlehre machen soll. Der Lehrlingschef auf der Bank riet es mir, weil ich in der Berufsschule gute Noten hatte. Zuerst war ich nicht überzeugt von diesem Vorschlag. Ich wollte einfach als Büroangestellte arbeiten und am Abend meine Ruhe haben. Eine Zusatzlehre bedeutete, dass ich weiter die
20 Berufsschule besuchen musste. Die Berufsschule war für mich streng. Es gab immer viele Hausaufgaben. Ich habe oft auch am Samstag Aufgaben gemacht. Schliesslich habe ich mich für die Zusatzlehre entschieden, und ich konnte in der gleichen Filiale bleiben. In unsere Filiale kamen viele türkische Kundinnen und Kunden. Manchmal konnten sie

schlecht Deutsch. So wurde ich oft zu Hilfe gerufen. Ich musste übersetzen und erklären. Da merkte ich, dass ich gar nicht so gut Türkisch konnte. Was man zu Hause in der Familie redet, ist weniger kompliziert als ein Gespräch über Geldanlagen. Ausserdem konnte ich überhaupt nicht gut Türkisch schreiben.

Meine Chefin riet mir, besser Türkisch zu lernen. Sie sagte mir, dass ich dadurch Chancen hätte, in der Bank eine gute Stelle zu bekommen. Also besuchte ich einen Kurs. Im Kurs war fast niemand aus der Türkei. Es war seltsam für mich, zusammen mit Schweizerinnen und Schweizern meine eigene Sprache besser zu lernen.

Nach der Zusatzlehre als kaufmännische Angestellte machte ich in London einen dreimonatigen Englischkurs und bekam nachher eine Stelle am Hauptsitz der Bank, bei der ich die Lehre gemacht hatte. Meine Sprachkenntnisse brauche ich hier jeden Tag. Oft muss ich auf türkisch Briefe schreiben und Telefongespräche führen.

Ich bin froh, dass ich nach dem Abschluss meiner ersten Lehre nicht aufgegeben habe. In unserer Bank wurden neulich einige Büroangestellte entlassen. Ihre Arbeit wird heute mit dem Computer erledigt. Mit einem höheren Abschluss habe ich in Zeiten, in denen es weniger Arbeit gibt, mehr Chancen.

1. Berrin kann ihre Kenntnisse in der Muttersprache bei der Arbeit brauchen. Wann können dir deine Sprachkenntnisse in der Schweiz nützlich sein? Ergänz die Liste mit Beispielen.

Wo?	Wann?
in der Schule	Wenn meine Eltern mit dem Lehrer oder der Lehrerin sprechen müssen.
in meinem zukünftigen Beruf	Wenn meine Firma Geschäftsbeziehungen mit meinem Heimatland hat.
in der Freizeit	Wenn im Freizeitzentrum eine Veranstaltung über meine Heimat organisiert wird.
in der Familie	Wenn ich für Verwandte oder Bekannte übersetzen muss.

2. Habt ihr in der Schweiz die Möglichkeit, eure Muttersprache zu verbessern? Besucht ihr einen Kurs? Warum? Warum nicht?

**3. Bearbeite im Grammatik- und Übungsbuch:
III Satzbau (5): Die Satzverbindung, Seite 84.**

Berufsbildung in der Schweiz

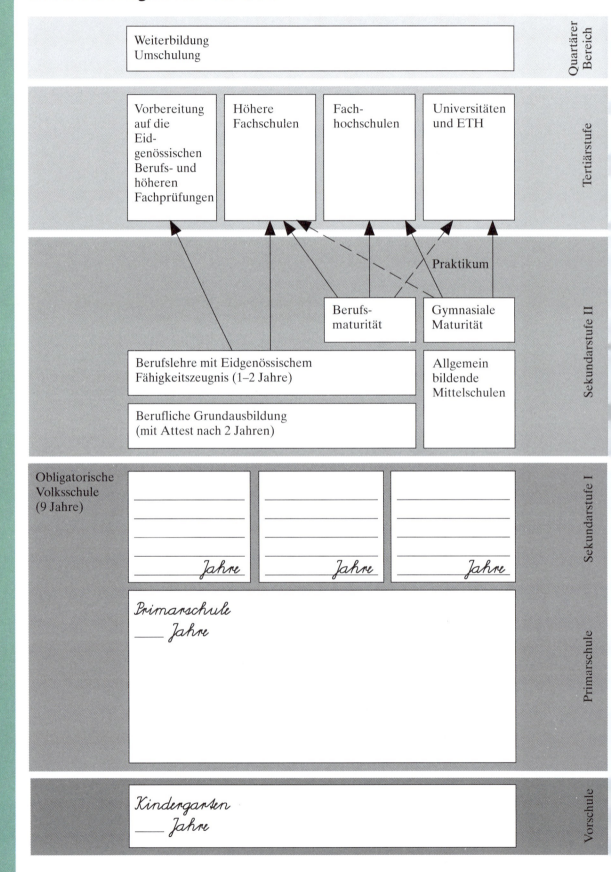

1. In der Schweiz hat jeder Kanton sein eigenes Schulsystem.
Die Schultypen sind nicht überall gleich und haben manchmal
unterschiedliche Namen.
Schau die Grafik an und ergänz sie mit den Angaben
aus deinem Wohnkanton.

2. Lies den Text von Berrin noch einmal (Seite 84)
und zeichne in der Grafik den Bildungsweg ein, den sie gemacht hat.

3. Welchen Bildungsweg planst du für dich?
Erklärt einander eure Pläne mit Hilfe des Schemas.

4. Frag deine Lehrerin oder deinen Lehrer und weitere Erwachsene
nach ihrem Bildungsweg.
Bitte sie, dir ihren Bildungsweg im Schema über die Berufsbildung
in der Schweiz zu zeigen.
Beschreib die Bildungswege dieser Personen je in einem Text.

5. Lest einander die verschiedenen Berufsbiographien vor.
Welche Möglichkeiten interessieren dich?
Welche würdest du nicht wählen? Warum?

RÜCKBLICK

Schau auf Seite 72.
Wie viele Themen hat die Einheit?
Welche Lebensgeschichte hat dir besonderen Eindruck gemacht? Warum?

Zeichne die Gesichtchen: ☺ = gut   😐 = es geht   ☹ = schlecht

Zur Lerntechnik «Zusammenfassen» (Seite 83)

Ich finde die Lerntechnik nützlich.	☐ ja	☐ nein
Ich habe die Lerntechnik ausprobiert.	☐ ja	☐ nein
Ich habe eine eigene Technik für das Zusammenfassen.	☐ ja	☐ nein

Der blaue Zettel
Krimi von Erik Altorfer – 5. Folge

Bedroht!

Fatima hatte sich in den letzten Tagen Gedanken über das Gespräch mit den beiden Knaben gemacht. Diese waren froh, nun nicht mehr allein mit ihrem Geheimnis zu sein, und hatten Fatima versprochen, nichts auf eigene Faust zu unternehmen.

Das Mädchen war sehr aufgeregt. Sie versuchte wieder und wieder, die wenigen Informationen, die sie hatte, zu kombinieren. Sie hatte das Gefühl, sich im Kreis zu drehen, aber etwas wurde für sie immer klarer: die beiden Männer hatten vor, in nächster Zeit irgendein wertvolles, grosses Kunstobjekt zu stehlen. Sie stellte sich ein Juwel oder sogar ein Bild vor. Das Problem war nun aber, dass sie mit ihrem Wissen nicht weiterkam. Die Gangster waren verschwunden, die Autonummer hatte nicht weitergeholfen, und wertvolle Kunstgegenstände gab es in Museen und Galerien viele. Die drei Jugendlichen hatten sich auch schon überlegt, zur Polizei zu gehen und ihr alles zu erzählen. Aber sie hatten Angst, ausgelacht zu werden und dass man ihnen nicht glauben würde: die Geschichte tönte zu unglaublich!

Fatima hatte einmal einen Film gesehen, in dem der Kommissar den Mörder geschnappt hatte, weil dieser an den Tatort zurückgekehrt war. Der Burgenpark war zwar kein Tatort, aber immerhin der einzige Ort, wo die beiden beobachtet worden waren. Sie wollte noch einmal dahingehen und sich von den beiden Jungen alles zeigen und erklären lassen. Sie hoffte, dort auf neue Hinweise zu stossen oder sogar die beiden Männer anzutreffen.

Pedro durfte bei Fatimas Mofa hinten aufsitzen; er liebte das! Nermin keuchte derweil auf seinem Velo hinterher. Vor dem Park, da wo das rote Auto gestanden hatte, stellten sie ihre Zweiräder ab.

Sie betraten den Park, und die Knaben zeigten Fatima, wo sie zuerst auf der Lauer gelegen hatten, die Parkbank, auf der die Männer sich besprochen hatten, und den Baum, von wo aus sie die beiden belauscht hatten. Dann untersuchten sie die nähere Umgebung der Bank

sehr genau und später auch den Weg
bis zum Parkplatz. Die Zigaretten-
kippen und anderer Müll, den sie
fanden, halfen aber auch nicht weiter.

Sie verliessen den Park, und Fatima
erfuhr nochmals von der erfolglosen
Verfolgungsjagd. Vielleicht hätte sie
mit dem Mofa eine Chance gehabt …

Als Nermin zu seinem Velo zurück-
kam, lief es ihm kalt den Rücken
hinunter: auf seinen Gepäckträger
war ein hellblaues Blatt geklemmt,
dieses Papier kannte er doch!
Fatima und Pedro waren auch sofort
da, und mit zittrigen Händen hielt
Nermin das Blatt so hin, dass alle
mitlesen konnten:

Erste und letzte Warnung

Ihr miesen Ratten!
Steckt eure stinkigen Nasen nicht
in Angelegenheiten, die euch nichts
angehen, sonst werden sie bald
schief in der Visage stehen.
Mit dem Messer, mit dem wir das
Velo gekitzelt haben, können
wir noch ganz andere Dinge
anstellen, klar?

Die drei sahen sich entsetzt an.
Die Reifen von Nermins Velo waren
platt!

Einheit 6

Seite	90	Ein Vortrag
	92	Wie heisst mein Thema?
	94	Wie plane ich die Arbeit?
	94	Wo finde ich Informationen?
	96	Wie gliedere ich den Vortrag?
	97	Wie präsentiere ich den Inhalt?
	98	Wie bearbeite ich den Vortrag?
	100	Wie trage ich vor?
	101	Wie kritisiere ich einen Vortrag?
	102	Der blaue Zettel – Fatima blickt durch

Das kann ich …
- Ich kann einen Vortrag planen.
- Ich kann einen Vortrag gliedern.
- Ich kann einen Vortrag bearbeiten.
- Ich kann einen Vortrag halten.
- Ich kann einen Vortrag kritisieren.

Das verstehe ich …
- Ich verstehe den Arbeitsplan auf Seite 94.

Das kenne ich …
- Ich kenne den Unterschied zwischen objektiven und subjektiven Kritiken.

Das weiss ich …
- Ich weiss, wie man Informationen für einen Vortrag sucht.
- Ich weiss, wie ich die Inhalte in einem Vortrag präsentieren soll.
- Ich weiss, wie man einen Vortrag kritisiert.
- Ich weiss, wozu diese Einheit nützlich ist.

Ein Vortrag

In dieser Einheit lernst du, wie du einen Vortrag vorbereiten und wie du einen Vortrag vor der Klasse halten kannst. Einen Vortrag vorbereiten und halten kann sehr spannend sein, denn man lernt sehr viel dabei, und was man lernt, das entscheidet man selbst.

Das Thema
Zuerst musst du dich für ein Thema entscheiden. Es gibt natürlich unendlich viele Themen, und sicher findest auch du ein Thema, das dich besonders interessiert. Wichtig ist auch zu wissen, ob du allein oder zusammen mit einer anderen Schülerin oder einem anderen Schüler arbeiten willst.

Der Arbeitsplan
Wenn das feststeht, dann wird ein Arbeitsplan erstellt. Darin legst du fest, wie viel Zeit für die Vorbereitung notwendig ist und wann du den Vortrag halten wirst. Danach kannst du mit der Arbeit beginnen.

Die Informationen
Zuerst sammelst du die Informationen und wählst aus, was du für den Vortrag verwenden willst. Es ist auch wichtig, sich Gedanken darüber zu machen, wie die Informationen den Schülerinnen und Schülern weitergegeben werden sollen. Du musst dir also folgende Fragen genau überlegen:

– Gibt es Material, das ich zeigen oder vorführen kann (z. B. Posters, Bücher, Videos, Tonkassetten usw.)?
– Was schreibe ich an die Wandtafel?
– Soll ich ein Blatt mit den wichtigsten Informationen vorbereiten und austeilen?
– Kann ich frei sprechen oder soll ich meinen Text vorlesen?

Ein Vortrag – wozu?
Nun, wie du das alles genau machen kannst, das lernst du in dieser Einheit. Wozu aber das alles lernen? Was du mit dieser Arbeit lernst, ist nicht nur eine Sache für die Schule. Auch nach der Schule ist es nützlich, darüber Bescheid zu wissen, wie man Informationen über ein Thema oder ein Problem sucht und wie man diese Informationen verarbeitet, zum Beispiel wenn du eine Reise vorbereitest, oder wenn du ein eigenes Geschäft eröffnen willst, oder wenn du ein bestimmtes Hobby pflegst.

1. Hier siehst du Schülerinnen und Schüler, die einen Vortrag halten. Hör die Ausschnitte aus den Vorträgen und notier die Reihenfolge.

Wie heisst mein Thema?

1. Lies die folgende Tabelle zuerst ganz durch.
Entscheide dann, was für dich zutrifft. Kreuz an.

Ich halte einen Vortrag …

Worüber?	**Für wen?**
☐ über ein Tier	☐ für mich
☐ über eine Pflanze	☐ für die Lehrerin
☐ über ein Land	☐ für den Lehrer
☐ über ein Bauwerk	☐ für meine Klasse
☐ über eine Entdeckung	☐ für meine Freundin
☐ über ein Ereignis aus der Geschichte	☐ für meinen Freund
☐ über eine Person	☐ für andere Klassen im Schulhaus
☐ über eine Organisation	☐ für die Eltern
☐ über ein Hobby	☐ _____
☐ über Technik	
☐ über Kunst	
☐ über Sport	
☐ über Musik	
☐ _____	

Wozu?	
damit ich …	damit die Zuhörenden …
☐ den andern etwas erzählen kann	☐ Spass haben
☐ etwas lerne	☐ etwas Neues erfahren
☐ mich nicht langweile	☐ noch lange an mich denken
☐ endlich etwas für mich lernen kann	☐ sich nicht langweilen
☐ nichts Dümmeres mache	☐ _____
☐ _____	

Wann?	**Wo?**
☐ heute	☐ im Schulzimmer
☐ morgen	☐ im Singsaal
☐ in einer Woche	☐ im Keller
☐ in einem Monat	☐ in der Turnhalle
☐ in einem Jahr	☐ im Zoo
☐ an meinem Geburtstag	☐ im Museum
☐ an Weihnachten	☐ im Wald
☐ _____	☐ in der Schweiz
	☐ _____

2. Such Partner oder Partnerinnen, die sich für das gleiche
oder ein ähnliches Thema interessieren wie du.
Besprecht, ob ihr zusammen einen Vortrag vorbereiten wollt.

3. Bearbeite im Grammatik- und Übungsbuch:
I Pronominaladverbien «wofür», «worauf» usw., Seite 91.

4. Du findest hier eine Liste mit Titeln von Vorträgen,
die Schülerinnen und Schüler in einer 8. Klasse gehalten haben.
Überleg, wo du die Themen zuordnen kannst.

Malcom X	Malerei im 20. Jahrhundert
Das Rote Kreuz	Baumwolle
Die Entdeckung des Penizillins	Wie wird in der Schweiz Salz abgebaut?
Hip-Hop	Die Pyramiden
Kanada	Leichtathletik
Dinosaurier	Die erste Mondlandung
Fotografieren	

über ein Tier:	
über eine Pflanze:	
über ein Land:	
über ein Bauwerk:	
über eine Entdeckung:	
über ein Ereignis aus der Geschichte:	
über eine Person:	
über eine Organisation:	
über ein Hobby:	
über Technik:	*Wie wird in der Schweiz Salz abgebaut?*
über Kunst:	
über Sport:	
über Musik:	

5. Wenn du entschieden hast, worüber du einen Vortrag halten willst,
musst du das Thema genauer festlegen.
Begründe deine Wahl.
Besprich deine Wahl mit der Lehrerin oder dem Lehrer.

Beispiel:
Ich möchte einen Vortrag über ein Land halten. Ich habe mich für «Kanada»
entschieden, weil meine Tante und ihre Familie nach Kanada ausgewandert sind
und ich mehr über dieses Land erfahren möchte. Ich mache den Vortrag allein,
weil niemand anders sich für dieses Thema interessiert.

Wie plane ich die Arbeit?

1. Du hast das Thema für deinen Vortrag festgelegt.
Nun erstellst du einen Arbeitsplan.
Übertrag den folgenden Arbeitsplan auf ein Blatt.
Füll den Arbeitsplan aus und besprich ihn mit deiner Lehrerin oder deinem Lehrer.

Arbeitsplan	Datum	Zeitaufwand	Anmerkungen	Wer übernimmt die Verantwortung?	erledigt
ein Thema auswählen					
Informationen suchen					
Informationen schriftlich oder telefonisch bestellen					
Vortrag in verschiedene Teile gliedern					
Informationen auswählen					
Informationen ergänzen					
Form des Vortrags festlegen					
Vortrag bearbeiten					
Unterlagen für Zuhörerinnen und Zuhörer vorbereiten					
Hilfsmittel bereitstellen (Diaapparat, Wandtafel, …)					
Ich werde den Vortrag am _____ von _____ bis _____ Uhr halten.					

Wo finde ich Informationen?

1. Wo würdest du Informationen über ein Land suchen?
Streich in der Tabelle durch, wo du wahrscheinlich keine Informationen
über ein bestimmtes Land erhältst.

in einer Buchhandlung	bei der Fremdenpolizei	im Verkehrsbüro des Landes
bei einer Person, die aus diesem Land kommt	in einem Reisebüro	bei meinem Freund oder meiner Freundin
im Bundeshaus	in einem Musikgeschäft	beim Schweizer Fernsehen
auf dem Konsulat des Landes	beim Abwart	in der Schulbibliothek
bei den Schweizerischen Bundesbahnen (SBB)	bei meinen Eltern	bei der Fluggesellschaft des Landes

2. Wo kannst du Informationen zu deinem Thema suchen?
Notier Adressen, Telefonnummern und Öffnungszeiten.
Frag deine Lehrerin oder deinen Lehrer, ob sie oder er noch andere Möglichkeiten kennt.

3. Sicher kannst du nicht alle Informationen persönlich holen.
Du kannst auch schriftlich oder telefonisch Informationen suchen.
Schreib einen Brief nach dem folgenden Muster.

Celina Caflisch
Caglims
7017 Flims   *5. Mai ....*

Canadian Airlines
Usteristr. 23
8001 Zürich

Werbematerial über Kanada

Sehr geehrte Damen und Herren

Ich besuche die Sekundarschule in Flims und werde am 1. Juli einen Vortrag über Kanada halten. Zurzeit bin ich dabei, Material für meinen Vortrag zu sammeln. Insbesondere möchte ich meiner Klasse auch Plakate und Prospekte über Kanada zeigen. Sicher gibt es bei Ihnen touristisches Werbematerial, das Sie den Interessierten gratis abgeben. Da es mir nicht möglich ist, persönlich bei Ihnen vorbeizukommen, wäre ich Ihnen dankbar, wenn Sie mir eine Auswahl von Prospekten und eventuell Plakate zustellen könnten.

Für Ihre Bemühungen danke ich Ihnen ganz herzlich.

Mit freundlichen Grüssen

Celina Caflisch
Celina Caflisch

> Wenn du nicht weisst, in welcher Stadt du zum Beispiel das Verkehrsbüro eines Landes findest, kannst du in den Telefonbüchern der Städte Bern, Basel und Zürich suchen oder beim Auskunftsdienst (Telefonnummer 111) nachfragen. Achtung: Die Auskünfte beim 111 sind nicht gratis!

6

Wie gliedere ich den Vortrag?

Du hast nun verschiedene Unterlagen zusammengetragen. Jetzt musst du die wichtigen und interessanten Informationen auswählen, die du in deinem Vortrag verwenden willst.

1. Hör den Bericht von Celina.
Sie erzählt, was für Material sie gesammelt hat.
Was verwendet sie für ihren Vortrag?
Kreuz an.

Briefe von Verwandten	☐
ein Video von Verwandten	☐
ein Buch über die Wirtschaft	☐
zwei Fotobücher mit Informationen über Geografie und Geschichte	☐
einen Roman über eine kanadische Familie	☐
ein Video über Holzfäller	☐
eine Diaserie mit Landschaften	☐
eine Diaserie über eine Reise auf einem Fluss	☐
ein Buch mit bekannten Bauwerken	☐
Prospekte	☐
eine kleine Landkarte	☐
Plakate	☐
eine grosse Landkarte zum Aufhängen	☐

2. Celina ordnet nun ihr Material und gliedert den Vortrag.
Hör, was sich Celina überlegt, und notier die Reihenfolge der Teile.

Geschichte des Landes	☐
Bevölkerung	☐
Fragen zum Vortrag	☐
Feste	☐
Volksmusik	☐
Geografie	☐
Bauwerke	☐
Literatur	☐
Kritik	☐
Religion	☐
Persönlicher Bericht	☐
Wirtschaft	☐
Bodenschätze	☐

3. Gliedere jetzt deinen Vortrag in verschiedene Teile.

4. Bearbeite im Grammatik- und Übungsbuch:
II Verben mit Präpositionalobjekt (2), Seite 93.

Wie präsentiere ich den Inhalt?

1. Beim Vortragen ist es wichtig, dass man auf die Zuhörerinnen und Zuhörer Rücksicht nimmt. Wenn zum Beispiel deine Lehrerin oder dein Lehrer über ein Thema berichtet, wählt sie oder er verschiedene Formen, damit es nicht langweilig wirkt. Welche Formen findest du gut? Kreuz an.

Ich finde es gut, …

wenn ein Text vorgelesen wird.	☐
wenn ich einen Text mitlesen kann (z.B. an der Wandtafel).	☐
wenn ich zwischendurch einen Text für mich lesen kann.	☐
wenn jemand frei erzählt.	☐
wenn Bilder und Illustrationen gezeigt werden.	☐
wenn Tonmaterial verwendet wird (z.B. Musik).	☐
wenn ich Zeit habe, etwas zu notieren.	☐
wenn ich Zeit habe, etwas abzuschreiben.	☐
wenn ich Zeit habe, etwas abzuzeichnen.	☐
wenn ich Fragen stellen kann.	☐
wenn ich am Schluss ein paar Fragen beantworten muss, damit ich merke, ob ich das Wichtigste verstanden habe.	☐

2. Celina hat für sich notiert, für welches Gebiet sie welche Form verwenden will und wieviel Zeit sie dazu braucht. Lies ihre Notizen.

Geografie

1. Teil (5 Minuten)
Ich hänge eine Karte von Kanada auf. Die Schülerinnen und Schüler erhalten eine Kopie der Karte. Sie müssen die Städte eintragen, die ich ihnen zeige.

2. Teil (10 Minuten)
Ich zeige zwölf Dias von verschiedenen Gebieten und lese dazu kurze Texte vor. Die Texte schreibe ich selber. Ich fasse zusammen, was ich im Prospekt zu den Dias gefunden habe.

Der Osten
Die Prärie
Das Bergland
Der Norden

Geschichte

1. Teil (5 Minuten)
Ich erzähle, wie vor etwa 6000 Jahren Menschen aus Asien in das Gebiet von Kanada kamen und dort blieben.

2. Teil (5 Minuten)
Ich schreibe (vor dem Vortrag) zehn wichtige Jahreszahlen mit Stichwörtern aus der Geschichte Kanadas an die Wandtafel. Ich erkläre die Stichwörter.

Persönlicher Bericht
(5 Minuten)

Ich lese einen Brief von meiner Tante vor, in dem sie erzählt, wie ihr Dorf in Kanada aussieht. Sie erzählt auch über die Schule, die ihre Kinder besuchen.

Ich gebe Fotos herum, die mir meine Tante geschickt hat. (Die Fotos klebe ich auf und schreibe einen Kommentar dazu.)

Fragen zum Vortrag
(5 Minuten)
Kritik (5 – 10 Minuten)

3. Notier jetzt für dich, wie du deine Gebiete präsentieren willst und wieviel Zeit du dafür brauchst.

4. Überleg, was die Schülerinnen und Schüler nach deinem Vortrag über dein Thema wissen müssen. Auf welche Informationen legst du besonderen Wert? Formulier fünf Fragen, die du am Schluss des Vortrags stellst. Du kannst die Fragen zum Beispiel an die Wandtafel schreiben. Die Schülerinnen und Schüler sollen die Fragen schriftlich beantworten. Danach besprecht ihr die Antworten gemeinsam.

Wie bearbeite ich den Vortrag?

1. Du hast Informationen ausgewählt und die Form deines Vortrags festgelegt.
Nun bearbeitest du den Vortrag. Schau zuerst die Beispiele aus Celinas Vortrag an.

Celina hat eine Karte von Kanada kopiert. Auf dieser Karte müssen
die Schülerinnen und Schüler die wichtigsten Städte eintragen.
Zum Bereich Geografie zeigt Celina auch zwölf Dias.

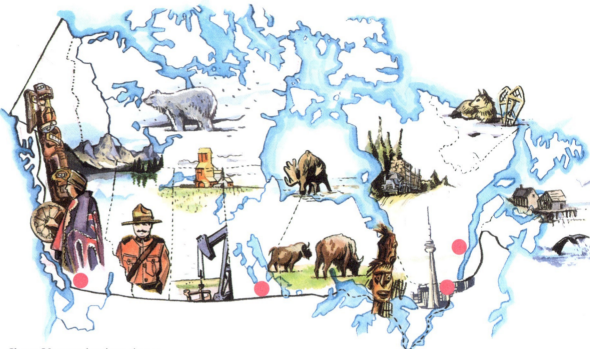

Ihren Vortrag beginnt sie so:
*Kanadas Landschaft ist vielseitig. Ich möchte euch einige Bilder zeigen, und zwar
vom Osten, von der Prärie, vom Bergland und vom Norden. Ihr werdet sehen,
dass die Landschaft sehr unterschiedlich ist. Es gibt riesige flache Gebiete und auch
hohe Gebirge. Die Landschaft bestimmt mit, was die Menschen in einem Gebiet
arbeiten.*

Der Osten

*Das ist Toronto.
Toronto ist die grösste Stadt Kanadas.
Hier leben etwa 3 Millionen Menschen …*

*Im Herbst ist Kanada wunderschön farbig.
Ihr seht hier einen Wald mit Ahorn- und Nadelbäumen.*

Die Wälder sind sehr schön. Für die Wirtschaft sind sie sehr wichtig. Ihr seht hier Baumstämme, die auf einem Fluss schwimmen. Sie werden so an den Ort transportiert, wo sie verarbeitet werden.

Und nun ein Bild ganz aus dem Norden. Hier sind Hundeschlitten ein wichtiges Transportmittel. Ausgeruhte Hunde können am Tag mehr als 100 km zurücklegen.

Celina erzählt etwas über die Geschichte Kanadas.
Da sie in ihrem Vortrag auch frei sprechen möchte, notiert sie Stichwörter.

Geschichte

1. Stichwörter für mich:
   - *Ureinwohner Kanadas "Inuits" (Eskimos)*
   - *Besiedlung von Asien her vor ca. 6000 Jahren*

2. Jahrzahlen und Stichwörter, die ich an die Wandtafel schreiben will:
   - *1497 Giovanni Caboto, Seefahrer aus Genua, entdeckt Neufundland*
   - *1534 Jacques Cartier, französischer Seefahrer, entdeckt das kanadische Festland*
   - *1759 Die Engländer erobern im Siebenjährigen Krieg Ville de Québec*
   - *1774 Die französisch sprechenden Einwohner*

Celina wird einen Brief ihrer Tante vorlesen und Fotos aus dem Dorf zeigen, wo ihre Tante lebt. Sie hat die Fotos auf festes Papier geklebt und einen Kommentar dazu geschrieben. Sie gibt die Fotos in der Klasse herum.

2. **Du hast Beispiele aus Celinas Vortrag angeschaut.
Jetzt kannst du mit der Bearbeitung deines Vortrages beginnen.**

3. **Bearbeite im Grammatik- und Übungsbuch:
III Satzbau (6): Satzglieder, Seite 96; Lerntechnik: Satzstreifen, Seite 99.**

Wie trage ich vor?

Vortragen ist eine Technik, die man lernen kann. Natürlich ist es wichtig, wie ein Vortrag gegliedert ist, und auch die gewählten Formen der Präsentation spielen eine grosse Rolle. Aber vor allem die Art und Weise, wie der Vortrag gehalten wird, macht den Vortrag spannend oder langweilig.

1. Hör die folgenden Beispiele und notier deine Meinung. Was findest du gut? Was findest du schlecht?

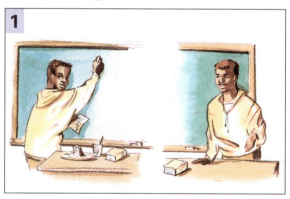

2. Du hast vier Beispiele aus verschiedenen Vorträgen gehört. Besprich deine Meinungen mit deinen Klassenkameradinnen und Klassenkameraden. Was finden die andern gut oder schlecht? Warum?

3. Nimm deinen Vortrag einmal auf Kassette auf. Sprich so, wie wenn du schon vor der Klasse stehen würdest. Gib auch die Anweisungen, die du der Klasse geben willst. Die Anweisungen musst du besonders gut formulieren können, damit alle verstehen, was sie machen sollen. Zum Beispiel:

«Ihr müsst jetzt auf der Landkarte die Städte eintragen. Seht alle nach vorn auf die Karte. Ich zeige euch, wo die Städte liegen, und schreibe die Namen an die Wandtafel.»

Hör die Aufnahme und überleg, was du noch verbessern kannst.

4. Bevor du den Vortrag beginnst, musst du alles, was du brauchst, bereitlegen. Probier die Apparate vorher aus und ordne Kopien, Bücher und was du sonst benötigst. Notier, was du vorbereiten und ausprobieren musst, damit du nichts vergisst.

5. Nimm deinen Vortrag auf Kassette oder Video auf. Bei der Kritik über den Vortrag kann man bestimmte Stellen noch einmal hören oder sehen. Wenn du dich hörst oder siehst, merkst du auch selber, was du gut und was du nicht so gut gemacht hast. Du wirst auf Dinge aufmerksam werden, die du sonst nicht gemerkt hättest und die du bei deinem nächsten Vortrag verbessern kannst.

Wie kritisiere ich einen Vortrag?

Eine gute Kritik enthält immer die positiven und die negativen Aspekte.
Die Vortragenden sollen wissen, was sie gut gemacht haben und was ihnen nicht so gut gelungen ist. So können sie von den Kritiken lernen und sich verbessern.

Einen Vortrag kritisieren bedeutet also nicht, nur das Schlechte an einem Vortrag aufzuzeigen. Ausschliesslich negative Kritiken entmutigen und sind unfair. Eine solche Kritik nützt den Vortragenden wenig, sie schadet eher.

In einer Kritik kommen meistens objektive und subjektive Aspekte gleichzeitig vor. «Objektiv» bedeutet, dass die Aussage allgemein gültig ist. Zum Beispiel: «Der Vortrag hatte eine klare Gliederung.» Oder: «Der Vortrag war zu lang.» Objektive Kritiken sollte man belegen können.

«Subjektiv» bedeutet, dass die Aussage ein persönlicher Eindruck oder eine persönliche Meinung ist. Zum Beispiel: «Ich glaube, man hätte zu diesem Thema mehr Informationen geben müssen.» Oder: «Persönlich hat mich das Thema nicht so interessiert.» Bei subjektiven Kritiken ist es wichtig, dass sie als persönliche Meinung verstanden werden.

1. **Schülerinnen und Schüler kritisieren den Vortrag von Celina.**
Hör zu und kreuz an. Welche Kritiken sind objektiv und welche subjektiv?

Aussagen der Schülerinnen und Schüler	objektiv	subjektiv
1. verschiedene Formen gewählt	☐	☐
2. gern Städte in die Karte eingetragen	☐	☐
3. Diaapparat vorher nicht ausprobiert	☐	☐
4. keine Zeit, um Fragen zu stellen	☐	☐
5. interessantes Thema	☐	☐
6. Geografie nicht mein Interesse	☐	☐
7. verschiedene Bilder gezeigt	☐	☐
8. zu leise gesprochen	☐	☐
9. verschiedene Völker nicht erwähnt	☐	☐
10. gern Fotos angeschaut	☐	☐

2. **Ein Vortrag soll auch bewertet werden.**
Die Lehrerin oder der Lehrer und die Schülerinnen und Schüler schlagen eine Note vor.
Alle müssen ihren Vorschlag begründen.

3. Falls du den Vortrag auf Kassette oder Video aufgenommen hast, könnt ihr bei der Kritik bestimmte Stellen noch einmal hören oder sehen.

RÜCKBLICK

Schau auf Seite 90.

Wie viele Fragen hat es im Inhaltsverzeichnis? _____

Zeichne die Gesichtchen: = gut   = es geht   = schlecht

Wie viele Vorträge hast du gehört? _____
In dieser Einheit gibt es keine Lerntechnik.
Diskutiert in der Klasse, warum keine Lerntechnik angeboten wird.

Der blaue Zettel
Krimi von Erik Altorfer – 6. Folge

Fatima blickt durch

Beim Frühstück kriegte Fatima keinen Bissen hinunter. Lustlos trank sie ihren Kaffee und verabschiedete sich später von der Familie. Seit sie ihre Lehre begonnen hatte, war sie die erste, die das Haus am Morgen verliess. Der anonyme Drohbrief bereitete ihr Sorgen genauso wie den beiden Jungen. Was vorher für sie alle ein spannendes Detektivspiel gewesen war, wurde nun wirklich nicht zimperlich zu sein», hatte Nermin gesagt. Fatima hatte versucht, die beiden aufgebrachten Jungen zu beruhigen, was ihr aber schwer gefallen war, da auch sie Angst hatte. «Lasst uns einfach ruhig bleiben. Wir unternehmen nichts Auffälliges mehr und schauen mal, was geschieht», hatte sie schliesslich gesagt. Die Arbeit im Atelier tat Fatima gut. Sie musste sich konzen-

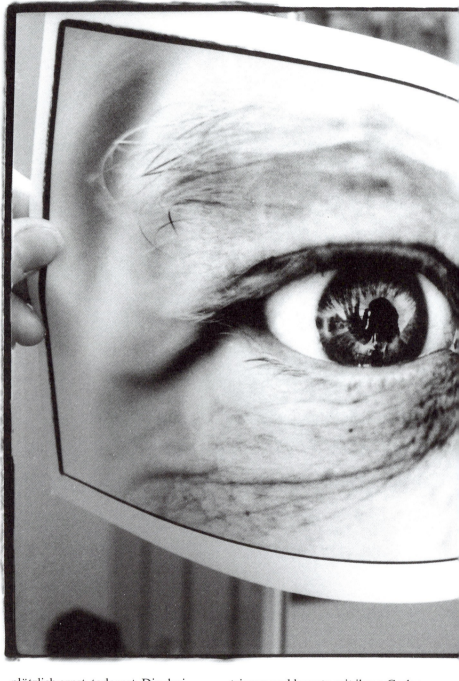

plötzlich ernst, todernst. Die drei hatten lange diskutiert, was nun zu tun sei, ob die Polizei eingeschaltet oder wenigstens die Eltern informiert werden sollten. «Ich mache da nicht mehr mit, ich hatte schon genug Probleme, meinen Eltern zu erklären, wie ich zu meinen beiden zerstochenen Reifen gekommen war. Die Typen scheinen ja trieren und konnte mit ihren Gedanken nicht mehr woanders sein. In der Pause hörte sie plötzlich Sandra, ihre Kollegin, rufen: «Das ist ja wahnsinnig. Die ganze Zeit klagt die Stadt, sie hätte kein Geld, und jetzt wird doch tatsächlich für das Kunstmuseum ein Bild für 3 Millionen gekauft!» «Was, woher weisst du das?» Fatima war sofort bei ihr. «Da, schau doch.» Sandra reichte ihr die Zeitung. «Kunstmuseum ersteht Bild von Van Gogh für 3 Millionen Franken» stand als Titel über dem Artikel, den Fatima atemlos las. «Das ist es, das ist ja unglaublich, jetzt wird alles klar …» murmelte Fatima vor sich hin. «Was meinst du, was ist klar?», fragte Sandra neugierig. Fatima erschrak. Sie hatte laut nachgedacht und hatte nun alle Mühe, das Ende ihres Arbeitstages kaum erwarten und sehnte sich danach, die Neuigkeiten ihrem Bruder und Nermin mitzuteilen. Heute hatten die beiden bis um sechs Uhr Schule, und so wartete sie vor dem Schulhaus auf sie. Die Jungen waren überrascht, Fatima zu sehen, und vermuteten sofort, dass ihr Erscheinen etwas mit ihrem Abenteuer zu tun haben müsste. Sie verzogen sich an einen

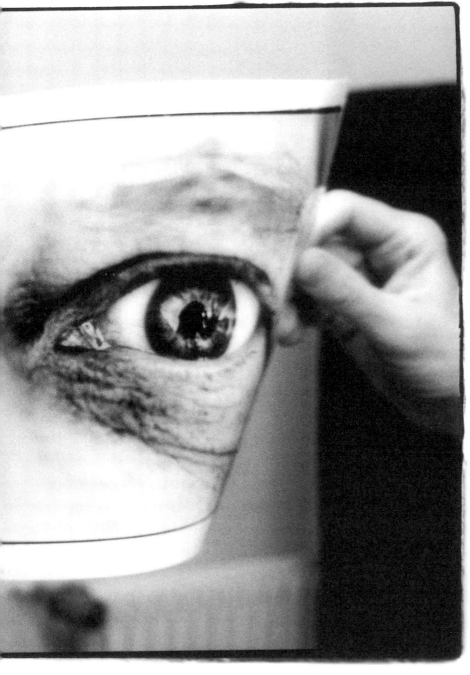

ihre Nervosität zu verbergen. «Äh, nichts, ich meine nur, die Stadt sollte, äh, du weisst schon…» Ihre Kollegin schaute sie misstrauisch an, und Fatima war froh, dass die Pause nun zu Ende ging und sie zurück an ihre Arbeit konnte. «Mensch, das ist es also, die Männer wollen dieses Bild klauen!», dachte Fatima immer wieder, während sie nähte. Sie konnte Ort auf dem Schulhausareal, wo sie ungestört reden konnten. Fatima zeigte den Knaben wortlos den Zeitungsartikel. «Das ist ja ein Ding. Wahnsinn. Fatima, du bist toll, wie du das wieder herausgefunden hast …!», rief Nermin. Alle drei hatten keinen Zweifel daran, dass es sich um ihr Bild handelte, handeln musste. Und sie waren die Einzigen, die etwas davon wussten!

Einheit 7

Seite 104 Was meinst du dazu?
106 Wünsche und Erwartungen
108 Was ist eigentlich anständig?
111 Regeln
113 Lerntechnik: Regeln beim Lernen
114 Strafe
116 Rechte
118 Der blaue Zettel – Die leere Kiste

Das kann ich …

- Ich kann Wünsche und Erwartungen ausdrücken.
- Ich kann unterschiedliche Anstandsregeln erkennen.
- Ich kann meine Meinung zum Thema «Strafe» ausdrücken.

Das verstehe ich …

- Ich verstehe die Tischregeln auf Seite 108.
- Ich verstehe das Lied von Bettina Wegner auf Seite 114.

Das kenne ich …

- Ich kenne meine Rechte.
- Ich kenne meine Pflichten.
- Ich kenne meine Regeln beim Lernen.

Das weiss ich …

- Ich weiss, dass Kinder Rechte und Pflichten haben.
- Ich weiss, dass Eltern Rechte und Pflichten haben.
- Ich weiss, dass Anstandsregeln nicht überall gleich sind.

Was meinst du dazu?

1. Schaut die Bilder an und beschreibt sie. Was stellen die Bilder dar? Was passiert? Was sagen die abgebildeten Personen? Was denken sie?

2. Erklärt die Überschriften der Bilder und übersetzt sie in eure Muttersprachen.

3. Das Adjektiv «anständig» hat auf Deutsch unterschiedliche Bedeutungen. Schaut in einem deutschsprachigen Wörterbuch nach und erklärt die folgenden Ausdrücke:

– sich anständig benehmen
– ein anständiges Betragen
– eine anständige Leistung
– anständig zahlen müssen

Regeln

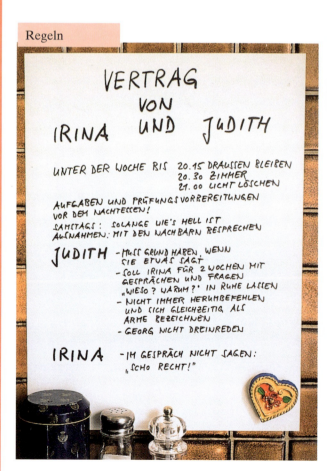

Anstand

Strafe

Rechte

Wünsche und
Erwartungen

Wünsche und Erwartungen

Monica, 15
Die Beziehung zwischen meinen Eltern und mir ist etwas ganz Besonderes. Manchmal finde ich meine Eltern nicht zum Aushalten, und dann sind sie wieder die Besten auf der Welt. Ich weiss, dass meine Eltern nur mein Bestes wollen. Aber manchmal ist das Beste, das sie mir wünschen, nicht das Beste, das ich mir vorstelle. Die Liebe des Vaters oder der Mutter darf man nicht verschwenden und nicht ausnützen. Man soll sie im Herzen tragen, damit niemand sie stehlen kann. Für die Eltern ist es sehr hart, Kinder zu erziehen. Und wenn die Kinder noch ganz jung anfangen, Drogen zu nehmen, oder gefährliche Freundschaften schliessen, leiden die Eltern sehr.

Valérie, 16
Ich hätte gern, dass meine Eltern öfter da wären, um mit mir zu reden, und dass sie mehr Interesse an mir hätten. Statt dessen ist es schon seit Jahren so, dass mein Vater abends nach Hause kommt, Zeitung liest, mit meiner Mutter und mir zu Abend isst, sich mit meiner Mutter unterhält (wenn er überhaupt mit ihr spricht …), ohne sich auch nur im geringsten um mich zu kümmern. Und sowas nennt man Eltern? Ich nicht. Wenn sie mich wenigstens mal anschnauzen würden.

Mathieu, 16
Nein, echt, ich verstehe nicht, warum Eltern immer rumkommandieren und nie versuchen, uns zu verstehen: Ich würde gern mal was anderes zu hören kriegen als den ganzen Tag immer nur Befehle. Das ist echt hart, wenn man immer nur herumkommandiert wird, als wäre man ein Roboter. Ich finde es schwer, mit Leuten zusammenzuleben, die auf jeden Fall immer recht haben wollen, egal, was ich sage oder tue.

Jonas, 16
Natürlich gibt es manchmal auch in meiner Familie Probleme. Wo gibt es die nicht? Aber ich bin froh, dass ich die Probleme mit meinen Eltern besprechen kann. Wir reden nicht nur über Probleme in der Familie, sondern auch über solche, die vielleicht nur ein Familienmitglied mit andern Personen hat. Meistens finden wir dann auch eine Lösung. Manchmal frage ich mich, wie ich solche Eltern verdient habe … Viele junge Leute fragen sich das vielleicht auch, aber ich meine es positiv. Ich bin sehr zufrieden mit ihnen! Ich kann sagen, dass ich mir keine besseren Eltern wünschen könnte. Das ist ein Satz, den nur wenige sagen können. Ich schätze meine Eltern noch viel mehr, weil ich weiss, dass viele junge Leute Ärger mit ihren Eltern haben.

1. Von welcher Person könnten die folgenden Aussagen sein?
Von Monica, Valérie, Mathieu oder Jonas? Notier die Namen.

Wenn meine Eltern mit mir sprechen, ist es meistens, weil sie mir etwas befehlen.	
Meine Eltern und ich haben oft andere Vorstellungen, was gut für mich ist.	
Meine Eltern kümmern sich zu wenig um mich.	
Meine Probleme bespreche ich mit meinen Eltern.	
Die Erziehung der Kinder ist eine schwierige Aufgabe für die Eltern.	
Meine Eltern versuchen nicht, mich zu verstehen.	
Mein Vater spricht nicht mit mir.	
Meine Eltern sind die besten.	

2. Was denkst du von deinen Eltern?
Schau die folgende Tabelle an.
Lies zuerst die Adjektive und überprüf, ob du alle genau verstehst.
Wähl eine Farbe für deine Mutter und eine andere Farbe
für deinen Vater und kreuz die Ziffern an.

Die Ziffern in der Skala bedeuten:
0 = weder noch
1 = etwas
2 = ziemlich
3 = sehr

	3	2	1	0	1	2	3	
lieb	3	2	1	0	1	2	3	böse
nachgiebig	3	2	1	0	1	2	3	streng
geduldig	3	2	1	0	1	2	3	ungeduldig
aufmerksam	3	2	1	0	1	2	3	gleichgültig
ruhig	3	2	1	0	1	2	3	nervös
zärtlich	3	2	1	0	1	2	3	grob
gesprächig	3	2	1	0	1	2	3	schweigsam
interessiert	3	2	1	0	1	2	3	uninteressiert
grosszügig	3	2	1	0	1	2	3	geizig
zuverlässig	3	2	1	0	1	2	3	unzuverlässig
lebhaft	3	2	1	0	1	2	3	langweilig
tolerant	3	2	1	0	1	2	3	intolerant

3. Bearbeite im Grammatik- und Übungsbuch:
I Satzbau (7), Seite 101.

4. Schreib einen Text über dich und deine Eltern.

5. Lest einander die Texte vor. Vergleicht eure Erfahrungen.

Was ist eigentlich anständig?

Anstand im 15. Jahrhundert

1. Wenn du zu Tisch gehst, so wasch dir die Hände. Auch die Fingernägel sollen rein sein. Schneid dir aber die Fingernägel, wenn du allein bist.

2. Wenn du trinkst, hebe den Becher mit beiden Händen. Nicht etwa wie ein Fuhrmann mit einer Hand, wenn er mit der andern den Wagen schmiert. Du darfst auch nicht in den Becher husten, nicht mit Geräusch trinken wie ein Ochse, nicht gurgeln wie ein Pferd und nicht die Nase hineinhängen wie ein Schwein.

3. Was vor dir in der Schüssel liegt, sollst du essen, und nicht das, was vor deinem Kollegen liegt.

4. Iss einen Apfel nicht allein. Teile ihn und gib deinen beiden Nachbarn je ein Stück.

5. Streich die Butter nicht mit dem Daumen aufs Brot.

6. Trink die Suppe nicht aus dem Teller, sondern nimm einen Löffel. Schlürfe dabei nicht wie ein Kalb, sondern wie eine schüchterne Jungfrau.

Die Reste nehme ich mit

Meine Mutter hat eine Freundin, die in Amerika lebt. Sie besuchte uns letzten Sommer. Meine Mutter lud sie, meinen Bruder und mich in ein gutes Restaurant zum Essen ein. Das Essen war ausgezeichnet, und es gab sehr grosse Portionen. Die Freundin meiner Mutter und ich assen unsere Portion nicht fertig. Als der Kellner den Tisch abräumte, sagte die Freundin meiner Mutter: «Bitte packen Sie mir die Reste ein.» Der Kellner schaute erstaunt und nickte.
Als ich auf die Toilette ging, hörte ich den Kellner in der Küche sagen: «So geizig sind die Leute, dass sie die Sachen, die sie nicht gegessen haben, noch nach Hause nehmen. Sowas habe ich in meinem Leben noch nie erlebt!»
Ich schämte mich, weil der Kellner gesagt hatte, wir seien geizig. Später sprach ich mit meiner Mutter darüber. Sie erklärte mir, dass die Leute in Amerika häufig mit nach Hause nehmen, was sie im Restaurant nicht fertig gegessen haben.
Liz, 13

«Pssst, pssst!»
Neulich traf ich nach der Schule einen Kollegen, der aus Haiti kommt. Wir hatten uns lange nicht gesehen. Wir beschlossen, zusammen etwas zu trinken. Mein Kollege hatte nicht viel Zeit, weil in einer halben Stunde sein Bus fuhr. Wir gingen in ein Café. Ich wollte ein Eis bestellen und er einen Kaffee. Die Kellnerin bediente gerade andere Gäste, und wir mussten warten. Dann begann die Kellnerin mit einem Gast zu plaudern. Mein Kollege wurde ungeduldig und rief sie: «Pssst, pssst!» Die Kellnerin schaute wütend zu uns hinüber und sagte: «So können Sie einen Hund rufen. Gäste, die so mit mir umgehen, bediene ich nicht.» Inzwischen war die Zeit zu knapp, und wir mussten das Café verlassen, ohne etwas getrunken zu haben.
Thomas, 17

1. Besprecht folgende Fragen zu den Texten. Welches Verhalten findet auch ihr unanständig? Was würdet ihr nicht machen? Warum? Was gilt bei dir zuhause beim Essen als unanständig? Was gilt als anständig?

2. Nicht nur beim Essen gibt es verschiedene Vorstellungen von Anstand. In allen Lebensbereichen haben die Menschen eine Meinung darüber, was anständig ist und was nicht. Diese Meinungen können sehr unterschiedlich sein. Lies und kreuz an.

	Das ist für viele Leute in der Schweiz anständig.	Das ist für viele Leute in der Schweiz unanständig.	Das ist für viele Leute in meiner Heimat anständig.	Das ist für viele Leute in meiner Heimat unanständig.
im Bus sitzen bleiben, wenn eine ältere Person keinen Sitzplatz hat	☐	☐	☐	☐
auf die Strasse spucken	☐	☐	☐	☐
einer Person die Zunge herausstrecken	☐	☐	☐	☐
sich auf der Strasse küssen	☐	☐	☐	☐
einer jungen Frau nachpfeifen	☐	☐	☐	☐
sich beim Grüssen in die Augen schauen	☐	☐	☐	☐
eine Person, die gerade spricht, unterbrechen	☐	☐	☐	☐
eine Person beim Sprechen berühren	☐	☐	☐	☐
eine Person nach ihrem Alter fragen	☐	☐	☐	☐
eine Person nach ihrem Beruf fragen	☐	☐	☐	☐
eine Person fragen, wie viel sie verdient	☐	☐	☐	☐
das Telefon abnehmen, sich mit «Hallo» melden und den Namen nicht sagen	☐	☐	☐	☐
bei einer Einladung eine Stunde zu spät kommen	☐	☐	☐	☐
bei einer Einladung ein Geschenk mitbringen	☐	☐	☐	☐
ein Geschenk sofort öffnen	☐	☐	☐	☐
Essen und Trinken sofort annehmen, wenn es angeboten wird	☐	☐	☐	☐

3. Vergleicht eure Meinungen.
Gibt es Unterschiede?
Warum?

4. Lies die Texte von Liz und Thomas noch einmal
und schreib selber eine ähnliche Geschichte.

5. Besprecht miteinander:
Wer sagt eigentlich, was anständig ist und was nicht?
Und warum akzeptieren die meisten Menschen
die Normen, die in ihrer Umgebung üblich sind?

6. Hör das Gedicht von Bertolt Brecht.
Welche Interpretation gefällt dir am besten?
Warum? Wie würdest du es interpretieren?

Was ein Kind gesagt bekommt

Der liebe Gott sieht alles.
Man spart für den Fall des Falles.
Die werden nichts, die nichts taugen.
Schmökern ist schlecht für die Augen.
Kohle tragen stärkt die Glieder.
Die schöne Kindheit, die kommt nicht wieder.
Man lacht nicht über ein Gebrechen.
Du sollst Erwachsenen nicht widersprechen.
Man greift nicht zuerst in die Schüssel bei Tisch.
Sonntagsspaziergang macht frisch.
Zum Alter ist man ehrerbötig.
Süssigkeiten sind für den Körper nicht nötig.
Kartoffeln sind gesund.
Ein Kind hält den Mund.

Bertolt Brecht

7. Bearbeite im Grammatik- und Übungsbuch:
Lerntechnik: Satzanalyse, Seite 104.

Regeln

1. Schaut die Fotos an und überlegt,
wo sie gemacht worden sind.
Wer hat die Regeln aufgestellt?
Warum?
Findet ihr sie sinnvoll?

**2. Welche Regeln müsst ihr in eurem Alltag einhalten?
Zum Beispiel im Verkehr,
im Schwimmbad oder in der Pause?**

**3. Lies die folgenden drei Texte.
Wähl einen Text aus und schreib,
wie es weitergehen könnte.**

Nils

Nils geht in die 2. Sekundarschule. Seine Klasse hat zusammen mit der Lehrerin verschiedene Regeln aufgestellt. Eine Regel heisst: Wer im Unterricht fehlt, muss erstens zuhause alles nacharbeiten und zweitens eine Entschuldigung schreiben und sie von den Eltern unterschreiben lassen. Nils hat am Dienstagnachmittag die Schule geschwänzt. Der Unterricht hätte drei Stunden gedauert. Jetzt muss er zuhause Geometrieaufgaben lösen und einen Text abschreiben. Ausserdem muss er seine Entschuldigung von den Eltern unterschreiben lassen. Nils ist wütend. «Warum haben wir so blöde Regeln aufgestellt?», fragt er sich. Er denkt: «Die Entschuldigung unterschreibe ich selbst.» …

Nassim

Nassim hat mit ihren Eltern abgemacht, dass sie am Samstag jeweils bis um 23 Uhr ausgehen darf. Am Samstag besucht sie ihre Freundin im nächsten Dorf. Der letzte Bus fährt um 22.00 Uhr zurück. Nassim möchte lieber länger bleiben. Sie sagt zu ihrer Freundin: «Ich bleibe einfach länger. Wir rufen dann kurz nach 22 Uhr meine Eltern an. Ich sage, dass ich gedacht habe, es würde noch um 22.30 Uhr ein Bus fahren. Aber leider ist dann halt der letzte Bus schon weg. Dann kann ich bei dir übernachten.» Um zehn nach zehn ruft Nassim die Eltern an. …

Eva

In der Siedlung, wo Eva wohnt, gibt es eine Clique. Die Mitglieder der Clique treffen sich meistens am Abend beim Sportplatz. Eva hat gehört, dass die Clique Regeln hat, die für alle Mitglieder gelten. Eva findet die Jugendlichen aus der Clique interessant. Sie unternehmen oft etwas zusammen. Sie fahren mit ihren Velos und Mofas zum Schwimmen an den See und gehen am Samstag zusammen in die Disco im Jugendtreff. Am liebsten möchte Eva einmal mitgehen. Sie spricht mit ihrer Freundin darüber. Diese kennt ein Mädchen aus der Clique. «Wir können mal mit zum See fahren», sagt Evas Freundin einige Tage später. «Sie werden uns dann von der Prüfung erzählen.» «Was für eine Prüfung?», fragt Eva. «Wer zur Clique gehören will, muss zuerst eine Prüfung machen», erklärt Evas Freundin. Eva ist erstaunt. …

**4. Lest einander die Geschichten vor und diskutiert sie.
Findet ihr die Regeln sinnvoll oder nicht?**

LERNTECHNIK

Regeln beim Lernen

Beim Lernen befolgst du bestimmte Regeln. Vielleicht hast du diese Regeln bewusst aufgestellt oder du befolgst sie einfach so. Mit dieser Lerntechnik kannst du dir deine Regeln bewusst machen und entscheiden, ob du etwas ändern möchtest. Füll den Fragebogen aus. Besprich deine Antworten mit anderen Schülerinnen und Schülern. Überleg, welche Regeln du in Zukunft einhalten möchtest. Achtung: Die Antworten sind persönlich. Deshalb gibt es keine absolut richtigen oder falschen Antworten. Du musst deine Antworten aber begründen können.

1. Ich erledige meine Aufgaben …   ja   nein
    1. sofort.
    2. erst am letzten Tag.
    3. auf mehrere Tage verteilt.
    4. in der Schule, bevor ich sie abgeben muss.

2. Ich lerne am besten …
    1. am Morgen nach dem Aufstehen.
    2. in der Mittagspause.
    3. am Nachmittag nach der Schule.
    4. am Abend, bevor ich ins Bett gehe.

3. Ich erledige die Aufgaben …
    1. wenn ich gerade Lust habe.
    2. nach einem Plan, den ich mir vorher zusammengestellt habe.
    3. wenn ich nichts anderes zu tun habe.
    4. wenn mich eine erwachsene Person dazu auffordert.

4. Ich lerne …
    1. an einem Platz, den ich zum Arbeiten eingerichtet habe.
    2. dort, wo mich niemand stört.
    3. dort, wo es gerade Platz hat.
    4. dort, wo ich nicht allein bin.

5. Während ich lerne, …
    1. nehme ich das Telefon nicht ab.
    2. will ich nicht gestört werden.
    3. spreche ich mit niemandem.
    4. schaue ich nicht fern.

6. Wenn ich lerne, …
    1. esse ich gern etwas.
    2. trinke ich gern etwas.
    3. mache ich von Zeit zu Zeit eine Pause.
    4. höre ich gern Musik.

7. Schreib ein Plakat mit den Regeln, an die du dich halten willst, und häng es dort auf, wo du normalerweise lernst.

Strafe

1. Hör das Lied von Bettina Wegner und lies den Text dazu.

Kinder

1
Sind so kleine Hände
winzige Finger dran
darf man nie drauf schlagen
die zerbrechen dann.

2
Sind so kleine Füsse
mit so kleinen Zehn
darf man nie drauf treten
können sie sonst nicht gehn.

3
Sind so kleine Ohren
scharf und ihr erlaubt
darf man nie zerbrüllen
werden davon taub.

4
Sind so schöne Münder
sprechen alles aus
darf man nie verbieten
kommt sonst nichts mehr raus.

5
Sind so klare Augen
die noch alles sehn
darf man nie verbinden
können sie nichts verstehn.

6
Sind so kleine Seelen
offen und ganz frei
darf man niemals quälen
gehen kaputt dabei.

7
Ist so ein kleines Rückgrat
sieht man fast noch nicht
darf man niemals beugen
weil es sonst zerbricht.

8
Grade klare Menschen
wären ein schönes Ziel
Leute ohne Rückgrat
haben wir schon zu viel.

Bettina Wegner (Songtext)

2. Welche Ausdrücke passen zu welcher Strophe des Liedes?

die Seele der Kinder nicht quälen	6
die Kinder reden lassen	
die Kinder sehen lassen	
die Kinder nicht anschreien	
den Kindern nicht auf die Füsse treten	
die Kinder nicht schlagen	

3. Verstehst du den Ausdruck «Leute ohne Rückgrat»?
Welche Begriffe passen? Kreuz an.

Leute ohne Rückgrat sind …	richtig	falsch
Leute ohne eigene Meinung.	☐	☐
kritische Menschen.	☐	☐
Menschen, die ihre Meinung schnell ändern.	☐	☐
charakterlose Menschen.	☐	☐
Menschen, die allen Recht geben.	☐	☐
Leute, die eine feste Meinung haben.	☐	☐

4. Lies die folgenden Texte. Wähl einen Text aus und sprich mit einem Partner oder einer Partnerin über die Situation. Was denkt ihr über das Verhalten der einzelnen Personen? Findet ihr es gut? Hättet ihr anders gehandelt?

Tanja, 15
Einmal, als ich am Nachmittag frei hatte, war ich allein zu Hause. Ich hatte fast kein Geld mehr. Da hatte ich eine Idee. Ich ging ins Zimmer meines Vaters und nahm aus der Schachtel, wo er immer
5 etwas Geld versorgt, fünfzig Franken. Ich rief meinen Freund an, und wir fuhren zusammen in die Stadt. Ich sah ein sehr schönes T-Shirt für vierzig Franken und kaufte es mir.
Am Abend kam mein Vater spät nach Hause. Ich
10 vergass ihm zu sagen, dass ich Geld von ihm genommen hatte. Am andern Tag fiel es mir wieder ein. Plötzlich dachte ich: «Ich sage einfach nichts. Vielleicht merkt Papi nicht, dass das Geld fehlt.»
Drei Tage später kam meine Mutter zu mir ins
15 Zimmer. Sie fragte mich, ob ich weiss, warum meinem Vater Geld fehlt. Zuerst sagte ich nein. Aber gleich darauf sagte ich: «Doch, ich habe fünfzig Franken genommen.» Meine Mutter wurde böse. Sie sagte: «Warum lügst du, statt zu sagen,
20 wenn du etwas genommen hast?» Sie ging aus dem Zimmer.
Vor dem Nachtessen sagte sie zu mir: «Tanja, ich erwarte, dass du dich bei deinem Vater entschuldigst. Ausserdem bekommst du nur noch
25 die Hälfte deines Taschengeldes, bis die fünfzig Franken abbezahlt sind.»

Edouard, 14
Wir hatten in der Schule eine Geometrieprüfung. Wir mussten einige Formeln auswendig lernen. Das war für mich sehr schwierig. Besonders eine Formel vergass ich immer wieder. Deshalb schrieb
5 ich sie auf einen kleinen Zettel und legte den Zettel in mein Etui. Während der Prüfung entdeckte die Lehrerin den Zettel. Sie nahm mir mein Prüfungsblatt und die Aufgaben weg und sagte: «Edouard, geh hinaus. So musst du die Prüfung gar
10 nicht machen. Du bekommst eine Eins!»

Olga, 14
Neulich sass ich auf dem Balkon und las eine Zeitschrift. Mein kleiner Bruder kam und versuchte dauernd, mir die Zeitschrift wegzunehmen. Ich schlug ihn auf die Hand. Da lief er
5 schreiend zu meiner Mutter. Meine Mutter kam, gab mir eine Ohrfeige und schrie: «Olga, heute Abend gehst du nicht aus. Du darfst deinen kleinen Bruder nicht schlagen.»

5. Wie bestrafen Erwachsene Kinder und Jugendliche?
Notiert auf einem grossen Blatt Stichwörter.

Zum Beispiel: sich entschuldigen müssen
kein Taschengeld geben
schlechte Noten geben
schlagen

Und wie bestrafen Kinder und Jugendliche ihre Eltern oder andere Erwachsene?
Was denkt ihr darüber?

6. Beschreib eine Situation, in der du selber bestraft worden bist.
Beantworte im Text die folgenden Fragen: Warum bist du bestraft worden?
Wie bist du bestraft worden? Was hast du empfunden?
Was denkst du heute über die Situation?

7. Lest einander eure Texte vor und überprüft, ob der Text Antworten auf die Fragen liefert.

8. Bettina Wegner sagt in ihrem Lied, dass man Kinder nicht schlagen darf.
Was denkt ihr darüber?

9. Bearbeite im Grammatik- und Übungsbuch:
II Infinitivkonstruktionen mit «um ... zu», «ohne ... zu» und «anstatt ... zu», Seite 105;
III Finaler Nebensatz mit «um ... zu» und «damit», Seite 107.

hundertfünfzehn

Rechte

Am 20. November 1989 hat die UNO-Generalversammlung die Konvention über die Rechte des Kindes verabschiedet. Dieses Dokument ist sehr wichtig. Erstmals werden Normen zur Stellung der Kinder und der Jugendlichen festgelegt, die für alle Kulturen gelten sollen.
Kinder sollen vor Missbrauch, Ausbeutung und Misshandlung geschützt werden. Die Konvention über die Rechte des Kindes besteht aus vierzig Artikeln. Hier wirst du Ausschnitte aus einigen Artikeln genauer kennenlernen.

In **Artikel 10** steht, dass Kinder mit ihren Eltern zusammen leben dürfen, auch wenn die Eltern nicht in ihrer Heimat leben. Wenn die Eltern nicht in ihrer Heimat leben, soll das Kind eine Einreisebewilligung in das Land erhalten, in dem die Eltern leben.

In **Artikel 28** steht, dass Kinder das Recht haben, gratis die Schule zu besuchen. Sie sollen auch, ihren Fähigkeiten entsprechend, eine höhere Schule besuchen können.

In **Artikel 30** steht, dass ein Kind das Recht hat, seine Religion zu pflegen und die eigene Sprache zu brauchen.

In **Artikel 32** steht, dass Kinder keine Arbeit ausüben dürfen, die ihrer Entwicklung schadet.

1. Erklär die folgenden Begriffe. Benütz ein Wörterbuch.
Lies anschliessend den einleitenden Text noch einmal.

– ein Gesetz oder eine Konvention verabschieden	– Misshandlung
– eine Norm festlegen	– Einreisebewilligung
– Missbrauch	– das Recht haben
– Ausbeutung	– eine Arbeit ausüben dürfen

2. Lies die folgenden Texte und überleg, mit welchem Artikel sie zu tun haben.

Ich möchte gern meinen Vater besuchen. Er arbeitet seit acht Jahren im Ausland und kann nur an Weihnachten für einen Monat nach Hause kommen. Mein Vater hat einen Antrag gestellt, damit wir ihn im Sommer für drei Monate besuchen können. Aber wir haben kein Visum bekommen.

Artikel

In meiner Heimat gibt es verschiedene Sprachen. Meine Muttersprache ist von der Regierung nicht anerkannt. Das heisst, dass wir zum Beispiel in der Schule unsere Sprache nicht sprechen dürfen. Es gibt auch keine Wörterbücher in unserer Sprache. Unsere Sprache sprechen wir nur zu Hause, wenn keine Fremden uns hören. Es ist den Eltern verboten, den Kindern Namen in unserer Sprache zu geben.

Als ich in die Schule kam, verstand ich kein Wort. Ich wusste, dass die Lehrerin meine Muttersprache auch versteht. In der Schule aber war es verboten, unsere eigene Sprache zu sprechen.

Viele Kinder gehen wie ich jahrelang zur Schule. Manche haben grosse Schwierigkeiten. Niemand hilft ihnen. In der Schule sagen die Lehrer und Lehrerinnen einfach: «Hier sprechen wir so. Es ist nicht unser Problem, wenn diese Kinder das nicht verstehen.»

Artikel

Ich hätte gern eine Lehre gemacht. Ich bin schon zwei Jahre in diesem Land und habe in der Schule gute Noten. Weil meine Eltern Asylbewerber sind, darf ich keine Lehre machen und die Berufsschule nicht besuchen.

Artikel

Ich habe mit sieben Jahren schon Teppiche geknüpft. Viele Familien schicken ihre Kinder hierher, weil es hier einen Lohn und etwas zu essen gibt. Wir arbeiten zehn Stunden am Tag. Die Schule können wir nicht besuchen. Viele der Kinder haben eine Krankheit, weil sie nie draussen in der Sonne spielen können und auch, weil wir oft nicht viel zu essen bekommen. Einige Kinder haben vom vielen Sitzen auch Probleme mit dem Rücken. Wir haben keine Möglichkeit, zu einem Arzt zu gehen.

Artikel

3. **Kennt ihr Fälle, in denen das Recht eines Kindes missachtet wird? Ist es möglich, etwas dagegen zu tun?**

RÜCKBLICK

Schau auf Seite 104.
Wie viele Themen hat die Einheit?
Welches Thema hat dich besonders interessiert?
Welcher Text hat dir besonders gefallen?

Zeichne die Gesichtchen: = gut  = es geht = schlecht

Zur Lerntechnik «Regeln beim Lernen» (Seite 113)
Hast du ein Plakat mit Regeln beim Lernen gemacht?
Wenn ja, wo hast du das Plakat aufgehängt?
Wenn nein, dann nimm dir Zeit und schreib deine Regeln beim Lernen jetzt auf. Es lohnt sich!

Der blaue Zettel
Krimi von Erik Altorfer – 7. Folge

Die leere Kiste

Auf dem Platz vor dem Museum war wie immer ein riesiges Durcheinander. Autos verstopften die Strassen, die Trams hatten Mühe durchzukommen, und ab und zu schlängelte sich ein waghalsiger Velofahrer durch den Verkehr. Die drei Jugendlichen sassen im ersten Stock eines Cafés, von wo aus sie gute Sicht auf den Eingang des Museums hatten. Seit Fatima den Zeitungsartikel gefunden hatte, hatten die drei täglich die Zeitungen gelesen und daraus noch mehr über den Kauf des bedeutenden Bildes erfahren. Alle drei schwiegen. Es gab nichts mehr zu sagen, alle hingen den eigenen Gedanken nach, tranken ab und zu einen Schluck, nur damit etwas getan wurde. Nermin hatte feuchte Hände und verschwand immer wieder auf der Toilette. Die Jugendlichen wussten gar nicht so recht, wonach sie suchen sollten. Sie versuchten, die Menschen auf dem Platz genau anzuschauen: vielleicht waren die Männer darunter! Dann beobachteten sie immer wieder die Autos, die vorbeifuhren: grosse Autos, Lastwagen, Lieferwagen gab es viele, das brachte auch nichts. Gerade als Fatima ungeduldig aufseufzte, hielt ein oranger Lieferwagen mit der Aufschrift «Arts Unlimited» am Strassenrand vor dem Museum. Aus dem Auto kamen drei Männer. Zwei von ihnen stiegen hinten in den Wagen und brachten bald eine grosse, flache Holzkiste zum

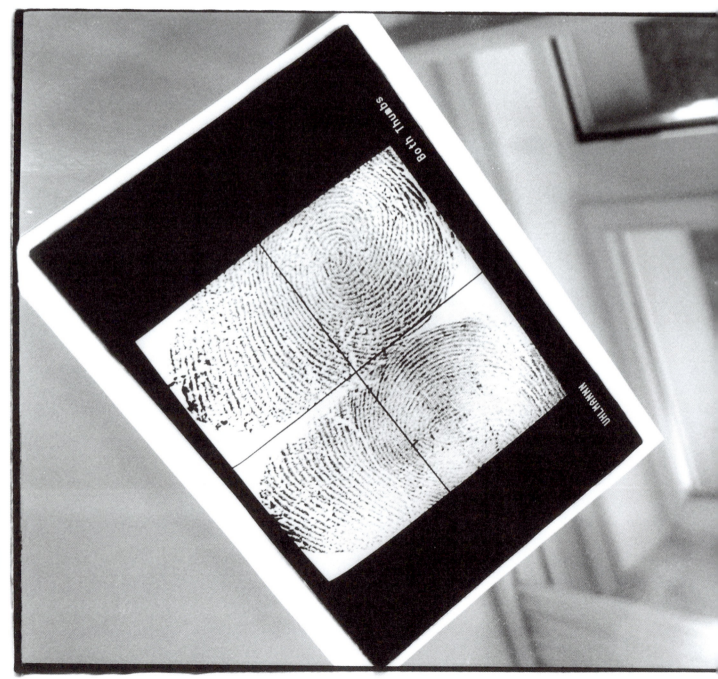

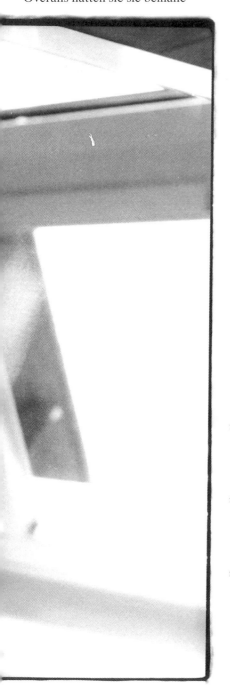

Vorschein. «Das ist es, das ist das Bild, nimmt mich wunder, was jetzt passiert», sagte Fatima. Sie suchte zum x-ten Mal den Platz ab, nichts.
45 Die Männer hatten nun den Eingang des Museums erreicht und verschwanden mit der Kiste. Nach wenigen Minuten kamen sie wieder heraus, und erst jetzt sahen Nermin
50 und Pedro sie von vorne und genauer: zwei von ihnen waren die Männer vom Park! Ohne Sonnenbrille und mit den weissen Overalls hätten sie sie beinahe
55 nicht wiedererkannt. Nermin stupste Pedro in die Seite. Der nickte nur, nahm das Kleingeld, das auf dem Tisch bereitlag, und verschwand. Der Lieferwagen setzte sich in Bewegung und fuhr langsam davon.

60 Am nächsten Tag sassen Pedro, Nermin und Fatima im Büro von Kommissar Schmidhuber. «Gratuliere Kinder, das habt ihr fein gemacht!», sagte der ältere Mann und lächelte zufrieden. «Tatsächlich war die
65 Kiste leer! Euer Telefon kam gerade zur rechten Zeit, meine Leute konnten den Wagen stoppen und die Männer verhaften. Ich habe sie dann hier verhört, und sie haben gestanden. Schliesslich gaben sie auch
70 den Ort bekannt, wo sie das Bild versteckt hatten. Es ist nun hier bei der Polizei und wird morgen dorthin gebracht, wo es hingehört: ins Museum.»

In den letzten Tagen hatte sich der Kommis-
75 sar oft mit den Jugendlichen getroffen. Nachdem für die drei durch den Zeitungsartikel alles klar geworden war, hatten sie sich entschlossen, die Polizei zu benachrichtigen: sie glaubten, genügend Hinweise
80 für ein geplantes Verbrechen zu haben, und der Kommissar war ihnen dafür sehr dankbar gewesen. Er hatte mit den Jugendlichen verabredet, dass sie, die als einzige die Männer kannten, vom Café
85 aus die Anlieferung des Bildes beobachten sollten. Er hatte das Gleiche von seinem Dienstwagen aus getan, denn sie vermuteten einen Überfall während des Transportes. Im Dienstwagen hatte ihn auch Pedros
90 Anruf erreicht, der ihm mitteilte, dass die Transporteure die gesuchten Männer waren.

Die drei Jugendlichen fühlten sich wie im Paradies. Die Anspannung und die
95 Ängste der letzten Tage waren vorbei, sie waren erleichtert, glücklich und stolz.

Da klopfte es an der Tür, und eine Frau, die die Jugendlichen nicht kannten, trat ein. Sie stellte sich als Frau Brunner vor, sie
100 war die Museumsdirektorin! Sie ging auf Fatima, Pedro und Nermin zu und schüttelte allen lang und fest die Hand, während sie immer wieder sagte, wie glücklich und erleichtert sie sei. Dann
105 wurde die Tür geöffnet, und ein Fotograf und ein Reporter kamen herein: es wurden viele Fotos gemacht, und die drei Jugendlichen mussten über die ganze Geschichte Auskunft geben. Alles würde
110 am nächsten Tag in der Zeitung stehen, und ein Bild würde auch dabeisein.
Die drei konnten kaum erwarten, was ihre Freunde und Freundinnen dazu sagen würden!

Einheit

Ein Klassenroman

Seite 120 Ein Klassenroman
122 Wie der Krimi
«Der blaue Zettel» entstand
124 Wir schreiben einen Liebesroman
125 Die Kapitel des Liebesromans
126 Verschiedene Textsorten
127 Der Liebesroman entsteht
128 Wir suchen einen Titel
129 Rückblick auf «Kontakt 2»

Das kann ich …

- Ich kann einen Arbeitsplan erstellen.
- Ich kann einen Text mit Stichworten planen.
- Ich kann einen Text schreiben.
- Ich kann einen Text kritisieren.

Das verstehe ich …

- Ich verstehe den Krimi «Der blaue Zettel».
- Ich verstehe den Text auf Seite 122.

Das kenne ich …

- Ich kenne verschiedene Textsorten.
- Ich kenne verschiedene Arten von Romanen.

Das weiss ich …

- Ich weiss, wie ich einen Roman planen und schreiben kann.
- Ich weiss, wie ich weiterlernen kann.

Unser Lehrer, Herr Studer, hat uns nach den Sommerferien vorgeschlagen, gemeinsam einen Klassenroman zu schreiben. Es sollte ein Liebesroman sein. Zuerst waren wir ein wenig skeptisch. Aber dann hat uns die
5 Arbeit immer besser gefallen.

Es war wirklich toll. Anstatt der üblichen Aufsätze, wo jeder und jede irgendetwas schreibt, konnten wir gemeinsam einen Roman erfinden und schreiben. Das ist nämlich gar keine Hexerei. Wichtig dabei ist
10 aber, dass man von Anfang an einen Plan oder ein Konzept hat.

Zuerst haben wir also unseren Liebesroman genau geplant. Wir haben eine Checkliste ausgefüllt mit den wichtigsten Angaben zum Inhalt, also zum Beispiel
15 wie die Hauptfiguren heissen, wie alt sie sind, wo sie wohnen, wie ihre Eltern sind und so weiter. Als die Inhaltsangaben für alle klar waren, haben wir zu zweit je ein Kapitel bearbeitet, das heisst festgelegt, was in der Geschichte passiert, den Text geschrieben, vor-
20 gelesen, besprochen und überarbeitet. Diese Arbeit war sehr spannend, denn wir wussten erst am Schluss, wie die Geschichte wirklich verlief. Zuletzt haben wir einen Titel gesucht und die Seiten auf dem Computer gestaltet. Unsere Eltern, Freunde und Freundinnen
25 haben gestaunt, als wir ihnen unser Buch gezeigt haben.

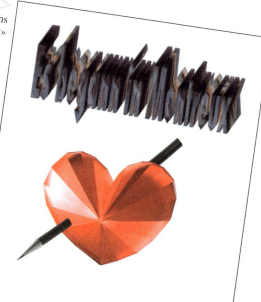

Titelblatt des Klassenromans «Es begann in Montreux»

Ein Liebesroman der Klasse S2b
Schulhaus Spitz Kloten

1994

Martina: Ich fand es nicht einfach, eine Geschichte mit der ganzen Klasse zu schreiben, weil doch jeder andere Ideen hat.
Aber es hat Spass gemacht, einander zu helfen und sich gegenseitig zu ergänzen.

Karti: Ich fand es sehr spannend, denn man wusste ja nicht, was die anderen schreiben. Schwierig allerdings war es, die Kapitel aufeinander abzustimmen.

Men: Mir hat diese Klassenarbeit sehr gefallen, ausser dass die Kapitel nicht übereinstimmten nach dem ersten Durchgang. Aber sonst fand ich die Arbeit lustig und lehrreich.

Shanthall: Ich fand es toll, einmal mit der ganzen Klasse einen Roman zu schreiben, auch wenn wir ein paarmal Meinungsverschiedenheiten hatten (wie z. Bsp. beim Titel auswählen). Ansonsten, finde ich, ist es recht gut gelungen.

Sandra: Ich fand diese Arbeit sehr gut, weil wir zusammen gearbeitet haben. Es hat mir auch gefallen, dass wir zu zweit die Geschichte geschrieben haben. Dabei hat man auch gelernt, den anderen zuzuhören.

Gil: Mir gefiel dieses Unternehmen sehr gut, denn man konnte einmal erleben, wie so eine Vorbereitung für einen Roman abläuft. Man konnte dann auch gleichzeitig in anderen Bereichen eine Menge erfahren, zum Beispiel über die Zusammenarbeit oder über das Diskutieren.

Rahel: Bei diesem Roman fand ich die Zusammenarbeit sehr gut. Wir konnten gegenseitig Ideen austauschen, obwohl es manchmal Meinungsverschiedenheiten gab. Ich würde gerne wieder einmal eine solche Arbeit machen.

Wie der Krimi «Der blaue Zettel» entstand

Ich hatte den Auftrag bekommen, eine Geschichte für dieses Buch zu schreiben. Sie sollte in sieben Folgen aufgeteilt sein, spannend sein und Jugendliche interessieren. Welche Art von Geschichte ich schreiben würde, war mir überlassen. Ich konnte also eine Science-Fiction-Geschichte oder eine Indianergeschichte oder irgendeine andere Art von Geschichte wählen. Nur die Länge der einzelnen Folgen war ungefähr bestimmt, und am Ende einer Folge sollte es immer besonders spannend werden wie bei einer Fernsehserie: der Leser oder die Leserin sollte es kaum erwarten können, die nächste Folge zu lesen. Weil ich selber Krimis gerne mag, hatte ich mich bald entschlossen, dass diese Geschichte ein Krimi sein sollte.

Ich habe die Idee des Krimis sehr lange mit mir herumgetragen, und als ich dann endlich anfing, hatte ich die ungefähre Handlung schnell aufgeschrieben. Zuerst notierte ich mir, was in der Geschichte geschehen sollte. Ich notierte mir auch die Namen der Hauptpersonen und wie ich sie mir etwa vorstellte. Dann habe ich die Handlung in sieben Kapitel aufgeteilt: das war mein Konzept. Für jedes Kapitel hatte ich in einem Satz aufgeschrieben, was darin geschehen musste. Das waren meine Arbeitstitel.

Vor dem Schreiben der einzelnen Kapitel machte ich mir immer stichwortartige Notizen über den Handlungsablauf. Dann brachte ich den Text oft ohne Unterbruch auf das Blatt: das war der Entwurf. Diesen liess ich dann mindestens einen Tag lang liegen, bevor ich ihn wieder las und dann mit dem Ändern und Korrigieren begann. Diesen Vorgang wiederholte ich für jedes Kapitel einige Male, bis ich einigermassen zufrieden war.

Als alle Kapitel geschrieben waren, habe ich den Krimi natürlich nochmals als Ganzes gelesen. Es gab Stellen, die in den einzelnen Kapiteln gut waren, aber in der ganzen Geschichte dann nicht mehr stimmten. Diese Stellen musste ich überarbeiten. Nachdem ich für mich die Korrekturen abgeschlossen hatte, gab ich den Text anderen Personen zur Kritik. Diese Kritiken halfen mir, den Krimi in die endgültige Fassung zu bringen.

△ Erik Altorfer

1. **Du hast den Krimi «Der blaue Zettel» von Erik Altorfer gelesen und du weisst jetzt, wie der Krimi entstanden ist.
Notier den Titel des Krimis und die Titel der einzelnen Kapitel.**

Haupttitel:	
1. Kapitel:	
2. Kapitel:	
3. Kapitel:	
4. Kapitel:	
5. Kapitel:	
6. Kapitel:	
7. Kapitel:	

2. Erik Altorfer hatte eine Art Checkliste im Kopf mit allen wichtigen Angaben zur Geschichte.
Ergänz in der folgenden Checkliste die fehlenden Angaben aus dem Krimi.
Wenn du etwas nicht mehr weisst, kannst du in den einzelnen Kapiteln des Krimis nachlesen.

Checkliste für einen Krimi

Zeit der Handlung	ca. 1990
Ort	in einer Stadt
Jahreszeit	
Dauer	

Zwei Hauptpersonen

	sie oder er	sie oder er
Name	Nermin	
Alter	Jugendlicher	Jugendlicher
wichtig oder typisch für sie oder ihn	eher ängstlich	
	seine Eltern sind sehr streng	
Schule	Realschule	Realschule
Hobby		

Zwei Personen helfen den Jugendlichen.

	sie oder er	sie oder er
Name		
Alter	drei Jahre älter als Pedro	etwa 50
Beziehung zu den Jugendlichen		
wichtig oder typisch für sie oder ihn		
Schule oder Beruf		

Zum Verbrechen

Art des Verbrechens	Diebstahl
Wie viele Verbrecher/Verbrecherinnen?	
Was soll gestohlen werden?	ein wertvolles Bild
Wann soll das Verbrechen stattfinden?	
Wie läuft das Verbrechen ab?	
Wie werden die Verbrecher entdeckt?	

Wir schreiben einen Liebesroman

1. Übertragt die Checkliste zum Liebesroman auf ein Blatt und füllt sie aus.
Beachtet beim Ausfüllen diese Regeln.

> Auf den folgenden Seiten findet ihr die Anleitungen, mit denen ihr gemeinsam einen Liebesroman schreiben könnt. Die Arbeit wird so aussehen: Ihr werdet einen Plan erstellen und den Ablauf der Geschichte festhalten. Dann werdet ihr alleine oder zu zweit ein Kapitel bearbeiten. Ihr müsst also die einzelnen Kapitel planen, besprechen, schreiben, vorlesen und überarbeiten. Am Schluss werdet ihr einen Liebesroman haben, den ihr euren Freunden und Freundinnen, Eltern, Verwandten und Bekannten zum Lesen geben könnt.

Regeln zum Ausfüllen der Checkliste

1. Das Ausfüllen der Checkliste muss so schnell als möglich ablaufen.
2. Der Lehrer oder die Lehrerin steht beim Hellraumprojektor und stellt die Fragen zur Checkliste. (Zum Beispiel: «Wie heisst sie?»)
3. Die Schülerinnen und Schüler sagen ihre Vorschläge laut. (Zum Beispiel: «Hildegard»)
4. Der erste Vorschlag, den die Lehrerin oder der Lehrer hört, wird aufgeschrieben. Also Achtung, ihr müsst schnell reagieren.
5. Die Vorschläge dürfen zwar lustig, aber nicht absurd sein, sonst werden sie ignoriert.
6. Wenn alle Angaben auf der Folie stehen, werden sie gemeinsam überprüft. Gibt es Angaben, die sich widersprechen und bereinigt werden müssen?
7. Die Schülerinnen und Schüler notieren die Angaben in ihre Checklisten.
8. Die Angaben werden nochmals kurz besprochen. Gibt es Unklarheiten?

Checkliste für einen Liebesroman

Liebespaar	sie	er
Name		
Alter		
Aussehen		
zwei Charaktereigenschaften		
Beruf		
Arbeitsplatz		
Lohn		
Wohnung evtl. Adresse		
Hobbys		

Eltern	von ihr	von ihm
Name der Mutter		
Charakter		
Name des Vaters		
Charakter		

Geschwister	von ihr	von ihm
Name der Schwester		
Charakter		
Name des Bruders		
Charakter		

Freundin oder Freund	von ihr	von ihm
Name		
Alter		
Charakter		
Besonderes		

Rahmenbedingungen	
Zeit der Handlung	
Ort	
anderes	

Die Kapitel des Liebesromans

Jede längere Geschichte teilt sich in Kapitel auf. Für euren Liebesroman sind die Titel vorgegeben. Denkt daran: Das sind nur Arbeitstitel. Wenn der Roman fertig geschrieben ist, könnt ihr diese Titel auch ändern.

1. Sie treffen sich	Sie und er treffen sich irgendwo. Sie beginnen miteinander zu sprechen.
2. Der erste Kuss	Bei einem weiteren Treffen kommt es zum ersten Kuss.
3. Wer ist diese Frau? oder Wer ist dieser Mann?	Sie ist eifersüchtig auf ein Mädchen, das er schon lange kennt, oder er ist eifersüchtig auf einen Jungen, den sie seit langem kennt.
4. Pläne für die Zukunft	Das Paar denkt darüber nach, wie es in einigen Jahren sein wird (Schul- oder Lehrabschluss, zusammen leben usw.).
5. Ihre Liebe ist stärker als die Vorurteile	Ein Elternpaar findet es nicht gut, dass sie zusammen sind. Sie kritisieren ihn oder sie. Er oder sie beginnt zu zweifeln. Sie sprechen sich aus und kommen zum Schluss, dass sie nie mehr auf andere hören werden.
6. Meine Eltern wollen dich kennen lernen	Die Eltern von ihr oder von ihm sind nicht ganz überzeugt. Sie wollen ihn oder sie genauer kennen lernen. Am Schluss sind die Eltern mit der Beziehung einverstanden.
7. Das erste Wochenende allein	Das Paar macht einen kleinen Ausflug. Dabei muss es verschiedene Probleme lösen, z. B. Eltern wollen nicht, wenig Geld.
8. Das hätte er (oder sie) nicht erwartet	Etwas Unerwartetes geschieht. Er oder sie verhält sich auf eine Art, die ihr oder ihm nicht gefällt. Sie sprechen sich aus und das Problem wird gelöst.
9. Der erste Streit	Das Paar streitet sich. Der Grund dafür ist scheinbar klein. Trotzdem gibt es einen heftigen Streit.
10. Kannst du mir verzeihen?	Er oder sie bittet um Verzeihung. Beide sehen ein, dass sie sich ein bisschen kindisch verhalten haben. Ihre Liebe ist bestärkt.

1. Schreibt die Titel der Kapitel auf kleine Zettel und steckt die Zettel in einen Briefumschlag. Jede Schülerin oder jeder Schüler bzw. jede Zweiergruppe zieht einen Titel.
Achtung: Falls zu wenig Schülerinnen und Schüler in eurer Gruppe sind, müsst ihr abmachen, welche Kapitel ihr weglassen wollt. Vielleicht möchte jemand auch zwei Kapitel schreiben.

2. Wie ihr euer Kapitel bearbeitet, wird auf Seite 127 gezeigt. Bevor ihr aber mit dem Kapitel beginnt, müsst ihr noch die nächste Seite bearbeiten.

Verschiedene Textsorten

Wenn man einen Roman oder ein Kapitel eines Romanes schreiben will, muss man sich auch Gedanken machen über die Textsorte.
Es gibt verschiedene Textsorten, zum Beispiel den Brief, den Dialog, das Gedicht usw.

1. Lies die folgenden Ausschnitte aus einem Roman, den Schülerinnen und Schüler gemeinsam geschrieben haben.
Notier, welche Textsorte sie gewählt haben.

Textsorten

| Dialog | Gedicht | Brief | Erzählung | Zeitungs-artikel | Erzählung in der Ich-Form |

Texte

Lieber Fabian
Seit Sonntag denke ich nur noch an dich. Ich glaube, die Leute um mich herum denken, ich sei verrückt. Am liebsten würde ich dich sofort anrufen.

Textsorte:

Im nächsten Sommer möchte ich gern mit Ariana in die Ferien fahren. Am liebsten möchte ich, dass sie mich zu meinen Verwandten begleitet. Ich möchte sie meinen Cousins und Cousinen vorstellen.

Textsorte

Ariana: «Meine Eltern haben uns am Freitag zum Nachtessen eingeladen. Kannst du kommen?»
Fabian: «Ja. Aber warum kommen sie denn auf die Idee, auch mich einzuladen? Sie kennen mich ja gar nicht …»
Ariana: «Eben darum. Sie möchten dich gern kennen lernen.»

Textsorte

Eine Untersuchung hat gezeigt, dass viele Eltern Vorurteile haben, wenn ihr Sohn oder ihre Tochter sich in einen Menschen verliebt, der aus einem anderen Land kommt. Auch Herr und Frau N. waren anfangs misstrauisch, als sie von der Beziehung ihrer Tochter A. (19) erfuhren. Frau N. erinnert sich: «Mein erster Gedanke war …»

Textsorte

Das Wetter ist nicht besonders schön. Ariana und Fabian steigen in den Zug. Vielleicht wird es bald regnen. Aber das junge Paar kümmert sich nicht um das, was rundherum geschieht.

Textsorte

Warum kann ich dich nicht sehn?
Du willst nicht zu mir kommen.
Warum schreibst du mir nicht?
Du willst nicht, dass wir uns verstehn.

Warum willst du diesen Streit nicht klären?
Du kannst nie zugeben, dass du Unrecht hast.
Warum bist du nicht geduldig?
Du willst nicht lernen, mir ruhig zuzuhören.

Textsorte

Der Liebesroman entsteht

Ihr habt viel Vorarbeit geleistet und wisst sehr viel über euren Roman.
Nun geht es darum, den Roman zu schreiben, zu überarbeiten und herzustellen.
Der folgende Arbeitsplan kann dabei nützlich sein.

**1. Übertragt den Arbeitsplan auf ein grosses Blatt.
Ergänzt die Daten und Uhrzeiten, die schon feststehen.
Hängt das Blatt im Klassenzimmer auf und tragt
laufend die neuen Angaben ein.**

Arbeitsschritte	Datum	Zeit
1. Das Kapitel entwerfen: Handlungsablauf stichwortartig auf ein Plakat schreiben, die Textsorte wählen, die Zeitform wählen.		
2. Das Kapitel anhand der Stichwörter der Klasse vorstellen. Passen die Kapitel zusammen? Was muss geändert werden, damit der Handlungsablauf stimmt?		
3. Das Kapitel schreiben, abgeben.		
4. Vielleicht die Kapitel zu Hause zu Ende schreiben. Abgabe am:		
5. Der Lehrer oder die Lehrerin gibt die korrigierten Texte zurück. Die Kapitel vorlesen. Diskussion: Gibt es Stellen oder Übergänge, die nicht zusammenpassen? Welche Änderungen sind nötig?		
6. Das Kapitel gemäss den Korrekturen und gemäss der Diskussion überarbeiten, den definitiven Titel für das Kapitel wählen, abgeben.		
7. Vielleicht das Kapitel zu Hause fertig überarbeiten. Abgabe am:		
8. Überarbeitete und bereinigte Texte vorlesen, letzte Korrekturen anbringen.		
9. Einen Titel für den Roman wählen (siehe unter «Wir suchen einen Titel»).		
10. Die Texte schönschreiben, die Seiten gestalten, das Titelblatt gestalten.		
11. Die Seiten vervielfältigen, binden und die Romane austeilen.		

**2. Bearbeite im Grammatik- und Übungsheft:
I Pronominaladverbien «wofür», «dafür» usw., Seite 109;
II Relativsatz (2), Seite 113.**

Wir suchen einen Titel

Wenn man ein Buch geschrieben hat, ist es oft sehr schwierig, einen passenden Titel zu finden. Manche Schriftsteller oder Schriftstellerinnen kennen den Titel schon am Anfang, aber das ist eher die Ausnahme. Manchmal entscheidet der Verlag, unter welchem Titel ein Buch erscheinen soll. Bei einem Buch, an dem mehrere Personen gearbeitet haben, hat jede Person einen eigenen Titel. Dies ist vielleicht bei euch der Fall. Hier ist nun ein Vorschlag, wie ihr euren Titel finden könnt.

1. Allein: Jeder Schüler und jede Schülerin notiert drei mögliche Titel auf ein Blatt.

2. Zu zweit: Ihr setzt euch zu zweit zusammen. Jetzt habt ihr gemeinsam sechs Titel. Erklärt euch gegenseitig, warum ihr die Titel gewählt habt. Ihr müsst nun aus den sechs Titeln die besten drei wählen. Diskutiert so lange, bis ihr überzeugt seid.

3. Zu viert: Ihr setzt euch jetzt zu viert zusammen. Jetzt habt ihr wieder sechs Titel. Erklärt euch gegenseitig die gewählten Titel und wählt wieder drei aus.

4. Zu acht: Das Spiel wiederholt sich, und von sechs Titeln bleiben drei übrig.

5. Alle zusammen: Das Spiel wiederholt sich zum letzten Mal, und es bleiben die besten drei Titel.

6. Alle zusammen: Ihr stimmt demokratisch ab, welchen Titel ihr haben wollt. Jede Person hat zwei Stimmen, die sie auf zwei der drei Titel verteilen kann. Die Abstimmung kann mit Handaufstrecken erfolgen oder mit einem Stimmzettel.

RÜCKBLICK

Schau auf Seite 120.

Zeichne die Gesichtchen: ☺ = gut ☻ = es geht ☹ = schlecht

Wie hat dir die Arbeit am Roman gefallen? Schreib deine Meinung in einem Satz.

Welcher Teil der Arbeit hat dir am besten gefallen?

Würdest du wieder einen Roman schreiben? ☐ ja ☐ nein ☐ vielleicht

Rückblick auf «Kontakt 2»

1. Was stimmt für dich? Kreuz an. ja nein
  1. Ich habe genug Deutsch gelernt. Ich brauche nicht mehr weiterzulernen.
  2. Deutsch lernen hat mir mit «Kontakt 2» Spass gemacht.
  3. Ich möchte mein Deutsch noch weiter verbessern.
  4. Ich muss noch weiter Deutsch lernen, weil ich eine Lehre beginnen will.
  5. Ich lerne nicht mehr weiter. Ich komme sowieso nicht vorwärts.

2. Was trifft für dich zu? Kreuz an. ja nein
  1. Ich verstehe die Sendungen im Radio und im Fernsehen sehr gut.
  2. Ich verstehe Schweizerdeutsch.
  3. Ich kann Schweizerdeutsch sprechen.
  4. Wenn ich Deutsch spreche, mache ich fast keine Fehler mehr.
  5. Ich verstehe alle Texte in Jugendzeitschriften.
  6. Ich finde fast nie Wörter, die ich nicht verstehe.
  7. Wenn ich Deutsch schreibe, mache ich fast keine Fehler.
  8. Ich schreibe gern auf Deutsch.

3. Angenommen, du könntest nur 20 Seiten vom Textbuch und vom Grammatik- und Übungsbuch behalten. Welche Seiten würdest du wählen? Schreib die Seitenzahlen auf und besprich deine Wahl mit deinen Kollegen und Kolleginnen.

4. Wie kannst du dein Deutsch noch weiter verbessern? Such dir einen oder mehrere Tipps aus und schreib sie auf ein grosses Blatt. Überleg auch, wie du den Tipp realisieren willst. Besprich deine Wahl mit deinen Kolleginnen und Kollegen.

  1. Ich lese jeden Monat einen Roman.
  2. Ich führe eine Wörterkartei für Wörter, die ich nicht verstehe.
  3. Ich schreibe jeden Abend in mein Tagebuch, was geschehen ist.
  4. Ich suche Kolleginnen und Kollegen, mit denen ich zusammen Romane schreiben kann.
  5. Ich suche eine Kollegin oder einen Kollegen, die oder den ich einmal pro Woche treffe und mit der oder mit dem ich nur Hochdeutsch spreche.
  6. Ich suche eine Brieffreundin oder einen Brieffreund, damit ich Briefe schreiben kann.
  7. Ich schaue am Abend die Tagesschau im Fernsehen, wähle ein Thema und lese am folgenden Tag einen Artikel zu diesem Thema in der Zeitung.
  8. Ich suche in der Bibliothek Deutschbücher, mit denen ich weiter lernen kann.

ANHANG

Hörtexte Einheit 1

Seite 8

Manche Schweizer und Schweizerinnen aus dem Tessin oder aus der französischsprachigen Schweiz haben Mühe mit der Sprachsituation in der Deutschschweiz. Sie wissen zwar, dass in der Deutschschweiz Dialekt gesprochen wird, aber sie wissen nicht genau, in welchen Situationen.

Das Besondere hier bei uns ist nicht, dass es einen Dialekt (wir sagen auch Mundart) und eine Hochsprache gibt. Das gibt es auch im Tessin und fast überall in Europa. Das Besondere ist, dass der Dialekt im Alltag von allen gebraucht wird und dass wir die Hochsprache (also Hochdeutsch) vor allem schreiben. Das bedeutet nun aber nicht, dass die Deutschschweizer und Deutschschweizerinnen nur Dialekt sprechen und nur Hochdeutsch schreiben. Das wäre ein bisschen zu einfach. Schauen wir uns einmal die Situationen genauer an.

Dialekt wird natürlich in der Familie, mit Freunden und Bekannten gesprochen. Das ist auch in manchen anderen Ländern so. Bei uns spricht man Dialekt aber auch bei der Arbeit, und es kommt nicht darauf an, ob jemand Fabrikarbeiter oder Ärztin ist. In der Fabrik, im Büro, in der Arztpaxis, auf einem Bauernhof oder im Konferenzzimmer einer Bank: überall wird Mundart gesprochen. Es käme keinem Deutschschweizer in den Sinn, mit einer Deutschschweizerin Hochdeutsch zu sprechen, und schon gar nicht, wenn es sich um eine Liebeserklärung handelt. Dass alle Dialekt sprechen, ist in Europa selten. Deshalb ist diese Sprachsituation auch so besonders. Weil der Dialekt eine so grosse Rolle spielt, wird er auch im Fernsehen und im Radio oft gebraucht. In den meisten lokalen Radiosendern hört man praktisch nur Mundart, und auch beim Schweizer Fernsehen sind viele Sendungen dialekt gesprochen. In allen Sendungen, die irgendwie persönlich sein wollen, also zum Beispiel ein Quiz oder die Lokalnachrichten, wird natürlich Mundart gesprochen. Viele Sendungen sind aber Hochdeutsch, so zum Beispiel die Nachrichten, die Spielfilme und auch die Sportreportagen. Die Interviews mit den Sportlern und Sportlerinnen werden aber auf Dialekt geführt, ausser natürlich wenn es sich um Sportlerinnen und Sportler aus der französisch- oder italienischsprachigen Schweiz handelt. Und Dialekt spricht man natürlich auch in den Sendungen für die Kinder.

Mit den Kindern im Kindergarten spricht man natürlich Dialekt. Hochdeutsch lernen die meisten Kinder in der Schule. In der ersten Klasse lernen sie Hochdeutsch lesen und schreiben. Fast alles, was in der Schule geschrieben und gelesen wird, ist auf Hochdeutsch. Natürlich müssen die Kinder auch Hochdeutsch sprechen lernen, aber da gibt es manchmal Probleme, denn viele Lehrerinnen und Lehrer sprechen auch im Unterricht lieber Dialekt. Mit fremdsprachigen Kindern, die nur wenig Deutsch können, sollten natürlich alle Hochdeutsch sprechen.

Obwohl alle in der Schule Hochdeutsch gelernt haben, müssen die wenigsten Erwachsenen in ihrem Leben Hochdeutsch sprechen. Man kann also in der Deutschschweiz sehr gut leben, ohne je Hochdeutsch sprechen zu müssen. Aber Hochdeutsch schreiben und lesen, das muss jede Person können. Praktisch alles, was in der Deutschschweiz geschrieben und gedruckt wird, ist auf Hochdeutsch, also die Zeitungsartikel, die Inserate, die Schulbücher, die Telefonbücher, die Gesetze und so weiter. Auch die Geschäftsbriefe sind hochdeutsch.

Allerdings gibt es immer mehr Leute, die ihre persönlichen Mitteilungen im Dialekt aufschreiben. Es kann auch vorkommen, dass jemand einen langen Brief ganz im Dialekt schreibt. Genauso gibt es Werbungen und auch Inserate von Privatpersonen, die in Mundart geschrieben sind. Und wir haben auch eine Mundartliteratur vor allem mit Gedichten und Rockbands, die ausschliesslich Mundartsongs singen.

Was es aber nicht gibt, das sind allgemeingültige Rechtschreiberegeln für den Dialekt. Jede Person kann Dialekt eigentlich so schreiben, wie sie will. Das ist ganz praktisch, denn so kann man gar keine Fehler machen. Dies ist vielleicht auch ein Grund, weshalb viele Leute beginnen, auf Dialekt zu schreiben.

Seite 9

1 Hallo, ich heiss Andreas Erdmann, ich bin 24 Jahre alt und komm aus Bergisch-Gladbach bei Köln. Ich arbeite am Zürcher Schauspielhaus und such zur Zeit ne Wohnung in Zürich, das heisst nur ein Zimmer, und hoffe, dat dat jetzt bald klappt, schön.

2 Grüessech mitenand. Ich heisse Peter Lenz und werde nächsten Monat 34 Jahre alt. Seit zwei Jahren wohne ich mit meiner Familie in Jegenstorf bei Bern. Ich komme aber eigentlich aus dem Kanton Solothurn, aus einem Dorf, das Messen heisst. Meine Frau und ich haben einen zweijährigen Sohn. Damit wir uns beide um Oliver kümmern können, arbeiten wir teilzeit. Die Arbeit im Haushalt gefällt mir nicht schlecht. Nur putzen tue ich nicht so gern.

3 Ich bin Kirstin Hegele, und ich komme aus Stuttgart, besser gesagt aus einem Vorort von Stuttgart, aus Korntal. Ich bin 28 Jahre alt und bin Bühnen- und Kostümbildnerin und arbeite jetzt als Bühnenbildassistentin in Zürich. Sehr gern tanze ich Flamenco in meiner Freizeit, und ich lese noch sehr gerne. Also, dann adele.

4 Grüss euch, ich bin der Rudi, ich komm aus Wien, bin 42 Jahre und vor 17 Jahren nach Zürich ge-

kommen und i muss sagen, mir gefällts wahnsinnig gut hier, also Zürich ist wirklich meine zweite Heimat geworden. Ich finds toll, hier in dieser schönen Stadt zu leben. Bhüet euch.

5 Hallo! Ich bin Isabelle und komm aus Hamburg. Und wohne auch in der Schweiz im Moment. Und bin gestern aus Hamburg wieder gekommen und zieh im Sommer nach Berlin, und ähm Hamburg ist irgendwie ne schöne Hafenstadt und ähm es regnet sehr viel. Tschüss.

6 Hallo! Ich heisse Kathrin, und ich bin 28 Jahre alt. Seit anderthalb Jahren wohn und arbeit ich in Zürich. Geboren und aufgewachsen bin ich aber in Berlin. Ich fahre oft nach Berlin, weil dort viel mehr los ist als in Zürich.

7 Hallo! Mein Name ist Heidi. Ich bin in Sachsen geboren in der Nähe von Zwickau. Jetzt wohne ich in Leipzig. Ab September aber wohne ich in München. Ich würde aber lieber irgendwo im Süden sein, weil es da so schön warm ist. In Deutschland ist es mir oft viel zu kalt. In meiner Freizeit sehe ich fern, ich lese viel, reise sehr gern und ich gehe oft schwimmen und in die Sauna. Manchmal bin ich auch im Theater oder im Kino.

Seite 16
Die Einwanderung in die Schweiz ist nicht neu. Seit langem wandern Menschen in die Schweiz ein, und andere Menschen verlassen unser Land.

Zwischen 1850 und 1914 kamen viele Menschen in die Schweiz. Es gab hier Arbeit in den Fabriken und beim Bau der Eisenbahnen. In dieser Zeit konnten die Ausländerinnen und Ausländer frei in der Schweiz wohnen und leben. Sie konnten ohne Bewilligung einen Beruf ausüben. Die Schweiz legte grossen Wert auf die Assimilation, das heisst die Anpassung der Ausländerinnen und Ausländer an die hiesige Kultur. Ausländerinnen und Ausländer konnten sich auch einbürgern lassen und damit Schweizerinnen beziehungsweise Schweizer werden.

Im Ersten Weltkrieg, in den Jahren 1914 bis 1918, wanderten viele Ausländerinnen und Ausländer in ihre Heimat zurück, weil sie hier keine Arbeit mehr hatten und sich dort sicherer fühlten.

In den dreissiger Jahren war eine grosse Krise, in der es in allen Ländern Europas wenig Arbeit und viele Arbeitslose gab. Der Anteil der ausländischen Bevölkerung in der Schweiz sank von 14,7 Prozent im Jahr 1910 auf 5,2 Prozent im Jahr 1941.

Seit dem Ende des Zweiten Weltkriegs kamen wieder mehr Ausländerinnen und Ausländer in die Schweiz.

Man brauchte hier viele Arbeiterinnen und Arbeiter. Viele Schweizerinnen und Schweizer fanden, es hätte zu viele fremde Menschen hier. Der Bundesrat beschränkte deshalb 1963 die Zulassung. Er verschärfte die Einreisebestimmungen.

Zwischen 1965 und 1985 gab es sechs Volksinitiativen gegen die Überfremdung. Keine davon wurde an der Volksabstimmung angenommen.

Seit den achtziger Jahren kommen immer mehr Asylsuchende in die Schweiz. Im Durchschnitt werden aber nur 10 von 100 Asylbewerberinnen und Asylbewerbern als Flüchtlinge anerkannt.

Eine Verminderung der Zahl von Ausländerinnen und Ausländern bringt keine Lösung der Ausländerprobleme. Es sind Massnahmen nötig, die den Ausländerinnen und Ausländern die Integration in die schweizerische Gemeinschaft erleichtern. Solche Massnahmen könnten das Stimm- und Wahlrecht für Ausländerinnen und Ausländer sein oder die erleichterte Einbürgerung für ausländische Jugendliche, die hier zur Schule gegangen sind.

Hörtexte Einheit 2

Seite 27
Liebe Schülerinnen und Schüler
Jeder Fernsehsender bemüht sich natürlich, ein Programm anzubieten, das möglichst viele Zuschauerinnen und Zuschauer interessiert. Nun ist es aber nicht so leicht herauszufinden, was die Leute wirklich interessiert oder was sie wissen möchten. Deshalb führen wir laufend eine Art Umfrage durch, mit der wir sehen können, welche Sendungen am meisten gesehen werden und welche am wenigsten, welche Sendungen gefallen haben oder nicht, und wie viele Personen eine Sendung gesehen haben.

Das Schweizer Fernsehen hat in der ganzen Schweiz ungefähr 2 500 000 Fernsehhaushalte, und ihr könnt euch vorstellen, dass wir nicht bei allen nachfragen können, welche Sendungen ihnen gefallen und welche nicht. Das wäre unmöglich. Um nun trotzdem herauszufinden, welche Sendungen das Publikum besonders interessiert, haben wir ein raffiniertes System.

Wir haben eine Kontrollgruppe von insgesamt 1450 Fernsehhaushalten ausgewählt, in der alle Bevölkerungsgruppen vorhanden sind, also Familien, Alleinstehende, ältere Personen usw. Ein Fernsehhaushalt kann z. B. eine fünfköpfige Familie sein, die eine Fernsehgebühr bezahlt und in der es zwei Fernsehapparate hat. In jedem Fernsehapparat dieser 1450 Haushalte haben wir ein elektronisches Messgerät eingebaut, ein sogenanntes Telecontrol, das automatisch registriert, wann und auf welchem Kanal der Fernseher eingeschaltet ist. Mit einer Fernbedienung geben die Zuschauerinnen und Zuschauer an, wie viele Personen gerade vor dem Fernseher sitzen. Und sie können dem Programm, das sie gerade sehen, sogar eine Note von 1 bis 6 geben. In der Nacht werden dann die gespeicherten Daten vom Messgerät über das Telefonnetz an unseren Zentralcomputer übermittelt. Anhand der Angaben aus der Kontrollgruppe können wir dann die ungefähre Einschaltquote und die Sehbeteiligung errechnen. Als Entschädigung für diese Informationen müssen die 1450 Fernsehhaushalte keine Fernsehgebühr bezahlen, sie dürfen also gratis fernsehen.

Und nun zur Statistik, die ihr vor euch habt:
Die Sendung «Nachtschicht» wird jeweils am Donnerstag um 20 Uhr ausgestrahlt. Es ist eine sehr beliebte Sendung, die von Jugendlichen und von Erwachsenen gern gesehen wird. Die Sendung wird von durchschnittlich 17,6 Prozent der Fernsehhaushalte gesehen, das heisst, dass insgesamt 484 000 Zuschauerinnen und Zuschauer die Sendung sehen.

Eine beliebte Jugendsendung ist Zebra am Samstagabend, von 18 Uhr bis 18 Uhr 45. Sie wird von 105 000 Jugendlichen gesehen. Die Einschaltquote beträgt hier 4,3 Prozent.

Am Donnerstag oder am Freitag wird ein Spielfilm gesendet, in der Regel von 16 Uhr 55 bis 17 Uhr 40. 2,5 Prozent der Fernsehhaushalte sehen den Spielfilm, und die Sehbeteiligung beträgt 63 000 Personen.

Nach dem Spielfilm gibt es am Donnerstag von 17 Uhr 45 bis 18 Uhr 10 die Sendung «1, 2 oder 3». Auch dies ist eine beliebte Jugendsendung, die von durchschnittlich 72 000 Personen gesehen wird. Die Einschaltquote beträgt hier 3,1 Prozent.

Als letzte Sendung ist noch «Schlips» zu erwähnen. Diese Sendung wird am Mittwoch von 17 Uhr 10 bis 17 Uhr 40 ausgestrahlt. Es sind vor allem Teenager, die diese Sendung sehen, und die Sehbeteiligung ist etwa gleich gross wie beim Spielfilm vom Donnerstag.
So viel zu den Einschaltquoten und Sehbeteiligungen bei Jugendsendungen.

Ich hoffe, dass auch ihr im Schweizer Fernsehen DRS eure Lieblingssendung habt, und wünsche euch weiterhin viel Vergnügen.

Hörtexte Einheit 5

Seite 79
Ich habe zweimal eine Lehre angefangen. Aus verschiedenen Gründen habe ich beide Lehren abgebrochen. Heute bin ich der Meinung, dass es in beiden Fällen eine falsche Entscheidung war. Ich möchte euch erklären, warum ich damals so entschieden habe.

In der 3. Oberschule war ich mehrmals beim Berufsberater. Er riet mir, eine Schnupperlehre als Verkäuferin zu machen. Ich machte zuerst eine Schnupperlehre in einem Lebensmittelgeschäft. Aber die Arbeit in dieser Branche gefiel mir nicht. Da ich mich trotzdem für eine Verkaufslehre interessierte, machte ich noch zwei Schnupperlehren: in einem Kleidergeschäft und in einem Schuhgeschäft. Die Arbeit langweilte mich. Ich verbrachte viel Zeit mit Warten, wenn gerade keine Kundschaft im Geschäft war, und es war zum Beispiel nicht erlaubt zu lesen oder zu stricken.

Ich male und zeichne sehr gern und habe Freude an Formen und Farben. Deshalb interessierte mich eine Ausbildung als Schriftenmalerin. In einer grossen Firma fand ich einen Platz für eine Schnupperlehre. Die Arbeit gefiel mir. Ich war aber nicht gut genug in Mathematik und Geometrie. In diesen Fächern arbeitete ich zu langsam. Natürlich gibt es noch andere Berufe, in denen Farben und Formen eine wichtige Rolle spielen. Ich durfte in der gleichen Firma eine Schnupperlehre als Malerin machen. Dieser Beruf gefiel mir. Meine Schulleistungen genügten, um eine Lehre beginnen zu können. Ich bekam eine Lehrstelle in der Firma, wo ich geschnuppert hatte.

Am Anfang war ich von der Arbeit enttäuscht. Im ersten Lehrjahr musste ich vor allem schleifen, das heisst, Wände, Fensterrahmen und Türen zum Malen vorbereiten. Ich hätte gern verschiedene Arbeiten gemacht. Aber ich musste immer nur schleifen. Im zweiten Lehrjahr wurde es dann besser. Ich durfte auch andere Arbeiten machen. Doch dann bekam ich andere Probleme. Ich arbeitete vor allem auf dem Bau. Dort hat es fast keine Frauen, und die Männer haben mich oft angemacht. Mit der Zeit hatte ich keine Lust mehr, zur Arbeit zu gehen. Ich wollte die Lehre aufgeben.
Der Lehrmeister fand das gar nicht gut. Er sprach mit mir und sagte, ich solle unbedingt weitermachen. Auch meine Eltern waren dieser Meinung. Ich hatte oft Streit mit ihnen. Schliesslich unterschrieb mein Vater, dass er mit der Auflösung des Lehrvertrags einverstanden sei.

Meine Schwester beendete damals gerade die einjährige Lehre als Spitalgehilfin. Ich besuchte sie bei der Arbeit. Sie hatte viel mit Patientinnen und Patienten zu tun. Sie half bei der Pflege, räumte die Zimmer auf und begleitete die Patientinnen und Patienten zum Beispiel zum Röntgen. Ich dachte, dass mir diese Arbeit im Kontakt mit Menschen auch gefallen würde, und bewarb mich für eine Lehrstelle. Die Ausbildung begann mit einem dreiwöchigen Kurs. Nachher kam die praktische Arbeit im Spital. Ich hatte dann noch einen Tag pro Woche Schule. Ich ging gern zur Schule. Die verschiedenen Fächer waren sehr spannend. Besonders gern hatte ich Anatomie. Im Spital arbeiten ist manchmal auch sehr hart. Ich arbeitete auf der medizinischen Abteilung. Ich habe oft erlebt, wie Menschen gestorben sind.

Im zweiten Teil der Ausbildung arbeitete ich in einem Pflegeheim. In dieser Zeit wurde ich schwanger. Mein Freund und ich waren noch nicht verheiratet. Deshalb erzählte ich bei der Arbeit nicht, dass ich schwanger sei. Dann hatte ich einen Unfall. Als ich eine behinderte Patientin in den Rollstuhl heben musste, stürzte ich. Ich kam sofort ins Spital und verlor mein Kind. Das war sehr schwer für mich. Obwohl meine Lehre nur noch wenige Wochen gedauert hätte, wollte ich nicht mehr an meinen Arbeitsplatz zurückkehren, denn es ging mir sehr schlecht. So habe ich auch die Lehre als Spitalgehilfin nicht abgeschlossen.

Mein Freund und ich haben dann geheiratet. Ich fand Arbeit in einem Pflegeheim. Aber das Arbeitsklima gefiel mir nicht, und ich wurde auch schlecht bezahlt. Ohne Lehrabschluss war es schwierig, eine bessere Stelle zu finden.

Als ich wieder schwanger wurde, war ich sehr glücklich. Jetzt ist meine Tochter drei Monate alt, und ich möchte vorläufig nicht arbeiten. Solange meine Tochter so klein ist, möchte ich sie nicht in eine Krippe geben.
Ich hätte die Möglichkeit, die Lehre als Spitalgehilfin doch noch abzuschliessen. Ich weiss auch, dass es sehr wichtig ist, einen Lehrabschluss zu haben. Als ich schon verheiratet war und wieder Arbeit gesucht habe, fragte man mich überall, ob ich eine Lehre gemacht hätte. Mit einem Lehrabschluss hat man immer mehr Chancen. Auch wenn man in einem anderen Beruf arbeiten will, zählt ein Lehrabschluss viel. Ich denke, ein Lehrabschluss zeigt einem Chef oder einer Chefin, dass die Bewerberin oder der Bewerber nicht so schnell aufgibt. Wer einen Lehrabschluss hat, hat einmal etwas «durchgezogen». Das ist auch wichtig für das eigene Selbstbewusstsein.

Seite 81
Interviewerin:
Rocío, du bist als elfjähriges Mädchen in die Schweiz gekommen. Welche Schulen hast du hier in der Schweiz besucht?

Rocío:
Hmm! Ich besuchte zuerst eine Klasse für Fremdsprachige. Dann kam ich in die Realschule. Dort gab es eine Probezeit. Ich bestand die Probezeit nicht und kam in die Oberschule. Nach einem Jahr Oberschule habe ich eine Prüfung gemacht, denn ich wollte es noch einmal in der Realschule versuchen. Aber ich bestand die Prüfung nicht. Nach der 2. Oberschule versuchte ich es noch einmal. Endlich bestand ich die Prüfung!

Interviewerin:
Und dann hast du die Realschule abgeschlossen?

Rocío:
Ja.

Interviewerin:
Wie hast du dich für die Berufswahl vorbereitet?

Rocío:
In der 2. Real hat uns unser Lehrer bei der Berufswahl geholfen. Gemeinsam mit der ganzen Klasse haben wir verschiedene Betriebe besucht. Wir gingen auch ins BIZ. Am Ende der 2. Real meldete ich mich für ein Beratungsgespräch beim Berufsberater an.

Interviewerin:
Hast du dort gleich deinen Traumberuf gefunden?

Rocío:
Nein, nein! Schön wärs! Ich hätte gerne eine Bürolehre gemacht. Im BIZ bekam ich Adressen von offenen Lehrstellen, schrieb mehrere Bewerbungen. Als Antwort erhielt ich aber nur Absagen. Das war vielleicht hart.

Interviewerin:
Die Bewerbungen hast du ganz allein geschrieben?

Rocío:
Na ja, fast! In der Schule besprachen wir, was alles zu einer Bewerbung gehört. Als Übung schrieben wir auch welche und einen Lebenslauf. Das hat mir natürlich sehr geholfen.

Interviewerin:
Trotzdem hast du aber keine Antwort bekommen. Wie ging es dann weiter?

Rocío:
Tja! Sieben Monate vor dem Schulabschluss hatte ich noch immer keine Lehrstelle. Ich ging deshalb wieder ins BIZ und fand Informationen über den Beruf der Zahnarztgehilfin oder Zahnmedizinassistentin. Auch dieser Beruf interessierte mich. Ich wusste, dass eine Zahnarztgehilfin auch Büroarbeiten erledigen muss. Es gibt aber auch ganz andere Arbeitsbereiche. So war dieser Beruf für mich eigentlich noch spannender als der einer Büroangestellten.

Interviewerin:
Dann hast du wieder Bewerbungen geschrieben?

Rocío:
Ja. Vom Berufsberater erhielt ich eine Liste mit Adressen. Diesmal hatte ich mehr Glück. Zwei Zahnarztpraxen haben mich zu einem Vorstellungsgespräch eingeladen, und ich durfte in beiden eine Schnupperlehre machen.

Interviewerin:
Wie sind diese Schnupperlehren verlaufen?

Rocío:
In der ersten Praxis schnupperte ich zwei Tage. Die Arbeit war zwar spannend, aber das Arbeitsklima gefiel

mir nicht. Die Zahnärztin machte den Angestellten viele Vorschriften, die meiner Meinung nach Privatsache sind. Zum Beispiel war es nicht erlaubt, sich zu schminken und lange Fingernägel zu haben.

Interviewerin:
Und in der zweiten Praxis?

Rocío:
In der zweiten Praxis hatte ich ein besseres Gefühl. Der Chef lud mich nach der Schnupperlehre zu einem Gespräch ein. Ich habe mich auf das Gespräch gut vorbereitet. Ich überlegte mir, was der Chef mich alles fragen könnte und was ich antworten würde.

Interviewerin:
Hast du dann einen Lehrvertrag bekommen?

Rocío:
Ja, ich war glücklich, als ich und meine Eltern den Lehrvertrag unterschreiben konnten. Von meinem Lehrvertrag gibt es drei Exemplare: eines für mich, eines für meinen Chef und eines für die SSO, die Schweizerische Zahnärztegesellschaft.

Interviewerin:
Wie fühlst du dich jetzt nach dem ersten Jahr deiner Lehre? Gefällt dir der Beruf?

Rocío:
Ja, ich bin zufrieden mit meiner Berufswahl. Das Arbeitsklima in unserer Praxis ist sehr angenehm. Die erste Gehilfin, meine Vorgesetzte, hat mich gleich am Anfang über meine Rechte informiert. Zum Beispiel, dass ich Überstunden immer aufschreiben darf und dass ich ein Recht auf eine Mittagspause habe.

Interviewerin:
Wie ist deine Arbeit? Hast du auch Probleme gehabt?

Rocío:
Die Arbeit ist abwechslungsreich. Ich empfange Patientinnen und Patienten, erledige Büroarbeiten und assistiere dem Chef. Ich habe mit vielen verschiedenen Menschen Kontakt. Zum Beispiel muss ich mit den Zahntechnikern Aufträge besprechen, telefonische Bestellungen machen usw. Der Beruf hat auch unangenehme Seiten. Es gibt Patientinnen und Patienten, die schwierig sind. Sie kommen zu spät oder kommen gar nicht und melden sich auch nicht ab. Oder manchmal reklamieren sie, weil sie fünf Minuten warten müssen. Ich bin auch schon von Männern belästigt worden, als ich allein mit ihnen im Behandlungszimmer war. Einer zum Beispiel machte anzügliche Bemerkungen. Ich habe dann mit der ersten Gehilfin darüber gesprochen. Sie sagte, ich solle mich ruhig wehren. Dieses Gespräch hat mir gut getan. Ich lasse mir jetzt nicht mehr alles gefallen.

Interviewerin:
Du hast also doch den richtigen Beruf gefunden.

Rocío:
Ja. Ich bin überzeugt, dass ich den richtigen Beruf gewählt habe. Es hat sich gelohnt, mehrere Bewerbungen zu schreiben und in Ruhe eine gute Lehrstelle zu suchen.

Interviewerin:
Ich danke dir für dieses Gespräch.

Seite 84
Ich heisse Natale Tisci. Vor acht Jahren kam ich in die Schweiz. Jetzt bin ich 18 und mach eine Lehre als Automonteur. Ich bin im dritten Lehrjahr. Im Sommer mach ich die Lehrabschlussprüfung. Ich habe schon eine Stelle gefunden, wo ich nach den Sommerferien als Automonteur anfangen kann. Im ersten Lehrjahr hatte ich grosse Schwierigkeiten. Ich wollte deshalb die Lehre abbrechen und eine Anlehre machen. Heute bin ich froh, dass ich mich anders entschieden habe. Ich erzähle euch jetzt warum.

Ich habe nach der zweiten Oberschule das Werkjahr besucht. Ich wollte Automonteur werden. Der Berufsberater gab mir eine Liste mit offenen Lehrstellen. Ich fand eine Lehrstelle. Der Lehrmeister verlangte aber, dass ich meine Deutschkenntnisse verbesserte. Er wusste, dass ich sonst vor allem in der Berufsschule Schwierigkeiten hätte und dass ich die Lehrabschlussprüfung nicht bestehen würde.

Als die Lehre begann, besuchte ich einen Monat lang jeden Abend einen Deutschkurs. Ausserdem bekam ich jeweils am Donnerstagnachmittag frei, um einen Deutschkurs zu besuchen. Es war für mich sehr streng, neben der Arbeit in der Garage und neben der Berufsschule auch noch diese Kurse zu besuchen. Ich dachte, dass ich all das auf die Dauer nicht schaffen würde.

Die Arbeit in der Garage gefiel mir aber doch. So fragte ich meinen Chef, ob ich bei ihm nicht eine Anlehre als Automonteur machen könnte. Eine Anlehre ist kürzer als eine Lehre. Man muss zwar auch die Berufsschule besuchen, aber es gibt keine Abschlussprüfung. Mein Chef war gar nicht einverstanden. Er erklärte mir, dass ich mit einer Anlehre im Berufsleben weniger Chancen hätte. Natürlich sah er meine Probleme. Er glaubte aber, dass ich es schaffen würde.

Im zweiten Lehrjahr bekam ich zwei Wochen frei, um an einer Privatschule einen Deutschintensivkurs zu besuchen. Langsam machte ich Fortschritte und bekam wieder Mut. Auch die Berufsschule machte mir nun mehr Spass. Besonders gern habe ich Elektrotechnik, Fachzeichnen und Staatskunde.

Das Arbeitsklima in unserer Garage ist sehr gut. Wir sind fünf Angestellte: zwei Griechen, ein Mann aus Ex-Jugoslawien, ein Schweizer und ich. Für meine Sprachkenntnisse ist es natürlich von Vorteil, dass ich der einzige Italiener bin. So habe ich bei der Arbeit von Anfang an immer Deutsch gesprochen. Jetzt bereite ich mich auf die Fahrprüfung vor. Mein Chef bezahlt mir die Fahrstunden und die Prüfung. Schliesslich muss ein Automonteur ja Auto fahren können.

Hörtexte Einheit 6

Seite 90

1 Ich erkläre euch jetzt mit Hilfe dieser Zeichnung an der Wandtafel, wie Salz abgebaut wird. Es wird ein tiefes Loch gebohrt. In dieses Loch werden zwei Rohre eingebaut. Durch das äussere, grössere Rohr hier fliesst Wasser hinunter. Das Wasser mischt sich mit dem Steinsalz. Das gibt eine Salzflüssigkeit. Durch das kleinere, innere Rohr wird die Flüssigkeit nach oben gepumpt ...

2 Am bekanntesten von allen Baudenkmälern des alten Ägypten sind die Pyramiden und die Sphinx von Gizeh in der Nähe von Kairo. In den Pyramiden sind die ägyptischen Könige, die Pharaonen, begraben. Die drei Pyramiden haben die Namen der Pharaonen, die in ihnen begraben sind. Sie heissen Cheops-, Chephren- und Mykerinospyramide.

3 In der kanadischen Arktis lebt eine Vielfalt von Tieren. Eisbären werden bis zu 2,80 Meter gross. Hier seht ihr einen Eisbären, der auf einer Eisscholle nach Beute Ausschau hält. Im Sommer, wenn die Küste nicht gefroren ist, ist die Jagd für die Eisbären einfacher. Im Sommer legen sie ein Fettpolster an. Im Winter finden sie nur wenig Beute.
Und nun das letzte Dia ...

4. Also. Fast 150 Millionen Jahre lang gab es Dinosaurier. Äää ... Ich zeige euch ein Bild. Äää ... Dieses ... Diese hier waren die letzten ihrer Art. Tschuldigung, das Bild ist ein bisschen klein. Seht ihr es? Äää ...

Seite 96

Ich habe mir lange Gedanken darüber gemacht, welches Thema ich für meinen Vortrag wählen soll. Zum Schluss habe ich mich für Kanada entschieden, weil meine Tante mit ihrer Familie dort wohnt. Meine Tante schreibt uns immer wunderschöne Briefe und schickt uns Fotos. Sie legt grossen Wert darauf, dass wir hier über ihr Leben in Kanada informiert sind, und sie erzählt so spannend, dass ich mir alles genau vorstellen kann. Alle Briefe meiner Tante behalte ich, und in meinem Vortrag werde ich einige Ausschnitte vorlesen und die Fotos zeigen. Meine Mutter hat ein Buch über die Wirtschaft in Kanada. Es hat viele Tabellen und Zahlen darin. Ich kann es für den Vortrag nicht brauchen. Ich finde es zu kompliziert.

In der Bibliothek unseres Schulhauses fand ich zwei schöne Fotobücher über Kanada und einen Roman über eine kanadische Familie. Ich lieh die Fotobücher aus. In beiden fand ich Informationen über die Geografie und die Geschichte des Landes. Ich ging auch noch in eine grössere Bibliothek in der Stadt. Es gibt dort eine Abteilung, die «Mediothek» heisst. In der Mediothek findet man Dias, Videos und Tonkassetten. Ich schaute mir ein Video an, in dem die Arbeit von Holzfällern gezeigt wird. Ich lieh das Video nicht aus. Der Film ist zu lang für meinen Vortrag. Ich fand aber auch eine Diaserie, in der verschiedene typische Landschaften zu sehen sind. Ich beschloss, diese Dias für den Vortrag auszuleihen. Eine andere Diaserie über eine Kanureise auf einem Fluss gefiel mir nicht. Schliesslich schaute ich noch ein Buch mit bekannten Bauwerken an. Es gefiel mir nicht, und ich nahm es nicht mit.

Ich suchte die Adresse des kanadischen Verkehrsbüros. Bei der Auskunft erfuhr ich, dass bei den Canadian Airlines Informationen über Kanada erhältlich sind. Ich schrieb also einen Brief. Einige Tage später erhielt ich mit der Post verschiedene Prospekte, eine kleine Landkarte und drei Plakate. In den Prospekten fand ich vor allem Angebote für verschiedene Reisen. Das nützt mir nichts für den Vortrag. Aber die Plakate sind sehr schön. Ich werde sie im Schulzimmer aufhängen. Auch die Landkarte kann ich gut brauchen. Ich nehme sie als Vorlage und mache ein Arbeitsblatt für die Klasse. Schliesslich fragte ich meine Lehrerin, ob es im Schulhaus eine grosse Landkarte von Kanada gibt. Sie schaute nach und zeigte mir die Karte. Ich darf sie im Schulzimmer aufhängen.

Seite 96

So, nun habe ich mein Material zusammengestellt, und ich weiss jetzt eine ganze Menge über Kanada.
Die Frage ist nur, wie ordne ich das Ganze? Wie soll ich meinen Vortrag gliedern?
Also, ..., hmm ... Ich könnte zuerst die Briefe meiner Tante vorlesen und dann die Fotos zeigen. ... Nein, das geht nicht. Hmm ...
Vielleicht beginne ich mit der Geschichte des Landes? Auch nicht, ist zu langweilig. Hmm ...
Ah, ich habs.
Zuerst spreche ich über die Geografie. Da kann ich einige Dias von den verschiedenen Landschaften zeigen. Dann spreche ich über die Geschichte und gebe die wichtigsten Jahreszahlen an.
Erst im dritten Teil mache ich einen persönlichen Bericht mit einem Brief meiner Tante und mit den Fotos. Dann kann die Klasse Fragen stellen zum Vortrag, und zuletzt kommt natürlich die Kritik.
Ja, das scheint mir gut so ...

Seite 100

1 Auch in der Schweiz gab es einmal ein Meer. Das heisst, es war ein Meeresarm, der mit dem offenen Meer verbunden war. Vor 200 Millionen Jahren ist dieser Meeresarm ausgetrocknet. Das Klima war damals sehr warm, und vom offenen Meer kam zu wenig frisches Wasser in den Meeresarm.
So ist das Meer langsam ausgetrocknet und es haben sich verschiedene Salzschichten abgelagert. Wenn wir Salz abbauen wollen, können wir nicht einfach in der Erde graben und das Salz herausholen. Ich erkläre euch jetzt mit Hilfe dieser Zeichnung an der Wandtafel, wie das Salz abgebaut wird. Es wird ein tiefes Loch gebohrt. In dieses Loch werden zwei Rohre eingebaut. Durch das äussere, grössere Rohr hier fliesst Wasser hinunter. Das Wasser mischt sich mit dem Steinsalz. Das gibt eine Salzflüssigkeit. Durch das kleinere, innere Rohr wird die Flüssigkeit nach oben gepumpt ...

2 Am bekanntesten von allen Baudenkmälern des alten Ägypten sind die Pyramiden und die Sphinx von Gizeh in der Nähe von Kairo.
Die Pyramiden sind über 4500 Jahre alt. Die grösste Pyramide, die Cheopspyramide, ein massiver Bau aus gewaltigen Steinblöcken, ist aufgetürmt auf einer Grundfläche von fast 54 300 Quadratmetern und hat eine Höhe von fast 147 Metern. Sie ist fast so hoch wie der Kölner Dom und höher als der Stephansdom in Wien. Die Grundfläche ist quadratisch, und die Seiten waren so genau vermessen, dass sie bis auf einen oder zwei Zentimeter genau gleich lang sind. Sie verlaufen nach oben und bilden eine Spitze ...

3 Hier seht ihr einen Eisbären in der kanadischen Arktis. Die Eisbären werden bis zu 2,80 Meter gross. Und nun das letzte Dia: Ein Sonnenuntergang am Kluane-See, dem grössten See im Yukon. Hier links im Vordergrund die Kluane-Bergketten, im Hintergrund die Ruby-Berge.

4 Also. Fast 150 Millionen Jahre lang gab es Dinosaurier. Äää. Ich, ich zeige euch ein Bild. Äää. Diese hier waren die letzten ihrer Art. Tschuldigung, das Bild ist ein bisschen klein. Seht ihr es?
Äää, Triceratops war ein äää ein, ein Pflanzenfresser. Er verteidigte sich wütend mit seinen beiden über äääm über 90 Zentimeter langen Hörnern. Äääm.
Also, jetzt erzähle ich von den anderen Tieren, die zur gleichen Zeit wie die Dinosaurier lebten. Mist, ich finde die Seiten nicht. – Moment. Ahh. Ah! Hier. Ich habs doch gewusst ... Äää. Ja, hier ein Bild. Äää. Also die ersten Vö..., also, so sahen die ersten Vögel aus. Äää ...

Seite 101

1 Du hast verschiedene Formen gewählt. Einmal hast du abgelesen und dann frei erzählt. Das finde ich gut.

2 Ich fand es gut, dass wir die Namen der Städte in die Karte eintragen mussten. Es ist angenehm, zwischendurch etwas zu schreiben und nicht immer nur zuzuhören.

3 Du hast den Diaapparat vorher nicht ausprobiert. Wir mussten warten, bis du den Apparat richtig eingestellt hast, und wir haben unnötig Zeit verloren.

4 Du hast uns viel zu wenig Zeit gegeben, um Fragen zu stellen.

5 Mir hat das Thema sehr gut gefallen. Es war interessant.

6 Ich interessiere mich nicht so sehr für die Geografie.

7 Du hast verschiedene Bilder gezeigt: Dias, Fotos und Plakate. Das hat mir gefallen.

8 Du hast manchmal zu leise gesprochen.

9 Leider hast du nichts gesagt über die vielen Völker, die in Kanada leben. Du hast nur gesagt, wie viele Einwohnerinnen und Einwohner Kanada im Ganzen hat.

10 Mir haben die Fotos deiner Tante gut gefallen. Ich habe sie gern angeschaut.

Bildnachweis

Berufsberatung der Stadt Zürich (73 / 5-7); Freie Universität Berlin (98 u.l.); J.P. Imsand, Zürich (47); Kümmerly+Frey AG, Bern (99 o.l.); O. Rieke, Kiel (99 o.r.); Ringier Dokumentation-Bild (29 u.); SF DRS / Pressebild-Archiv (28 o., 28 u., 29 o.); Verband Schweiz. Elektro-Installationsfirmen, Zürich (73/3); Westermann Schulbuchverlag GmbH, Braunschweig (98 u.r.); ZEFA / K.+H. Benser, Zürich (Umschlag und Titelseite)

Quellenverzeichnis

Seite 49: Rosemarie Künzler-Behncke, Gedanken eines Zwölfjährigen, aus: Hans-Joachim Gelberg (Hrsg.), Augenaufmachen, 1984 Beltz Verlag, Weinheim und Basel, Programm Beltz & Gelberg, Weinheim

Seite 106: Valérie, 16 und Mathieu, 16
Françoise Dolto / Catherine Dolto-Tolitch / Colette Percheminier, Von den Schwierigkeiten, erwachsen zu werden. Aus dem Franz. von Regine Herrmannsdörfer / Eva Feuersee. © 1989 Hatier, Paris. Klett-Cotta, Stuttgart 1991, 4. Aufl. 1993

Seite 110: Bertolt Brecht, aus: Gesammelte Werke. © Suhrkamp Verlag Frankfurt am Main 1967. Band 8, Was ein Kind gesagt bekommt

Seite 114: «Kinder». Mit freundlicher Genehmigung der eastwest records gmbh, Hamburg